プロのエロス
営業戦略

ビッチ営業論

からすあげは

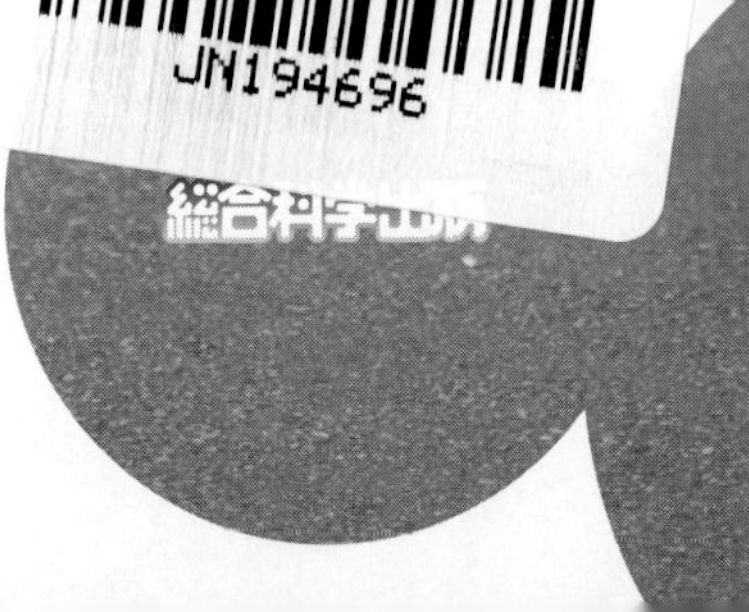

総合科学出版

はじめに

この本は風俗で『稼ぎたい方』には必要ありません。

風俗で『ビックリしちゃうほどたくさん稼ぎたい方』のための『詐欺る』テクニック満載の本です。


定価1400円のこの本で数万倍の『大金』をGETしちゃおう！


この本を手にしてくださる皆様には初めから申し上げておこうと思います。

私は美人や綺麗といった容姿に恵まれている人間では決してありません。

胸も小さくて幼児体型、極めつけにお腹には出産の証である『妊娠線』もしっかりと刻まれており、石を投げればどこにでも居そうな風貌をしている実年齢38歳の元風俗嬢です。

『そんな女が本を書く資格なんてあるの？』そう思う方も多いかもしれません。

しかし私には確かに資格があるのです。それは実際に私がこれまで経験してきた事実。

中・四国屈指の風俗タウン広島市・薬軒堀の中の一つのお店だけではなく、薬軒堀という地域全体で売り上げナンバーワンをキープし続けてきた事実。これがあるからです。

そしてこの本を読み進めていただければご理解できると思われますが、特に男性の方など、もしかしたらこの本の内容の随所に『詐欺』や『嫉妬』といったものを連想される場合がおありになるかもしれません。


さてこの『詐欺』。最近では『詐欺写メ』といった言葉はインスタやツイッターにもよく使用され、一見するとカジュアルに聞こえなくもございません。

ですがこの『詐欺』という言葉はれっきとした犯罪を示す言葉です。

では、この本に書かれております『詐欺』は犯罪まがいのものなのかと申し上げますと、断じてそのようなことではございません。

この本に書かれている『詐欺』。これを大まかにではありますが一言で表現をするならば、『お客様でも誰でもなく、まずは自分自身をしっかり詐欺ることができれば、非常に稼げる』という意味合いとしての表現でございます。

ですので、決して犯罪めいたようなものではなく、あくまで風俗で稼ぐための『詐欺』るテクニックが満載な本という意味で引用させて頂きました。(本当はマジックと言って欲しいですが…)。

次に『嫉妬』。嫉妬自体は誰にでもある「心の陰部」であり、自分を愛するがゆえの非常に強い思念です。この本では、『嫉妬の強い念を、願いや目標を叶えるためのパワーに変換するヒント』という意味で嫉妬という言葉も使っていきます。

ですので、どうぞご安心くださいませ!

『風俗』という場所・言葉から『社会的必要悪』『なんか怖そう』といったイメー

ジを持つ人も多いかと思います。でもそんな風評以上に、短期間で効率よく、しかも安全に大金を稼ぐことが可能であることを、この本を通して少しでも多くの方に理解してもらえればと思っております。

今はこのような発言をさせて頂いておりますす私ですが、風俗に入るキッカケとなったのは親族間の金銭トラブルが原因でした。

過去のことを申し上げるのは非常に憚られる気持ちではございますが念のため…。

父は中堅企業の会社員。母親はパートタイムで働いている、表面上はごくごく普通の3人兄弟の末っ子として育ちました。

ですが少し違っていた点は、幼い頃から両親、特に母親が事あるごとに私に投げ掛けていた言葉。

『上の二人は大事。お前は要らない子。あんたが死ねば保険金が入る』

でした。理由は、私は他の兄弟と比べて頭が悪く、両親のどちらにも似ていないから。

いわゆる兄弟間差別がとても激しい家族でございました。

両親の寵愛を受けていた2人の兄弟と事あるごとに比較をされ、そうなるともちろん兄弟仲も非常に険悪でありました。

幼少期はそれらの暴言に強い憤りを感じつつも、そんな家族を言い負かすほどの論じる力はなく、当時の私はただただ悔しさのあまり泣くことしかできませんでした。

毎回引き付けを起こすほど泣いており、泣けばなくほど呼吸困難になり苦しかった記憶があります。

ですが、幸いなことに私は泣き虫ながらも自己防衛力だけは強く持ち続けており、

『私はこんな大人にならんわ。いつか必ず見返す。泣いて苦しんでたまるか！』

と根拠ゼロにも関わらず自己暗示を掛けるがごとく自分に言い続け、自分自身を鼓舞し続けておりました。

そのような事情もあって、学生時代は嫌な現実から目を背くかのように本の世界に入り浸ることが大好きでした。

漫画なども含め様々な本を読んでは物思いにふけることが好きな、いわゆる暗いタイプ。

学生時代はあまり目立つタイプではありませんでしたが、私の住む市内全域の小・中学生全員参加で開催された俳句コンテストで最優秀賞を頂いた時は本当に嬉しかったです。

その後、地元の短期大学を卒業後、間もなく上京。東京のアパレルメーカーに就職し、販売員として働き始めました。

東京での生活は常に新しい物に囲まれ刺激も多く、何より家族から干渉されない自由を強く感じ、私にとっては本当に居心地が良かったです。

仕事も立ち仕事で大変ではございましたが、家庭環境による影響のせいか人の様子を伺い察するに敏感だったようで、洋服を身にまとうお客様がより一層、美しくおしゃれに変身されて喜ぶ姿にやりがいを強く感じておりました。

そんな生活を送っていた最中の親族間の金銭トラブル。

母親からは、「今まで育てやったのにあんたは助けてくれんの？　見捨てる気なん？」と罵倒するかのような連絡が頻繁に来るようになったのでした。

当時2人の兄弟は、一番上の兄は結婚し幼い子供がいる状況。真ん中の姉は法律事務所勤務。しばらくは一切誰にも相談せずに一人で黙々と考えました。

悩みに悩んだ末、私は家族と一切縁を切るために風俗で働く決断を下しました。

親族の抱えた負債を肩代わりした後、ニューヨークでストリートアーティストとして活動する夢を実現するためにお金を貯めることにしたのです。

当時の私的な風俗のイメージは『身近にあるスケベな妖怪屋敷』。

何だか全体的に怖そうなイメージ。

ですが意外なことに、怖がりながらも門を叩いた風俗店で面接して頂いた従業員の方は、全く怖そうな方ではなく、むしろ真面目な営業マン風の方でした。

風俗で働く動機を聞かれ、正直に理由を答えると、私に似た境遇の女性を数多く見てこられた方だけあり、優しくも朗らかに、

『泣くも一生。笑うも一生！　頑張って稼げる女の子になって笑いなさい！』

そう言って緊張する私を力強く勇気づけて下さいました。

あれから15年経過した今でもその言葉は、しっかりと胸に焼き付いております。

その言葉があったおかげで、

『どうせやるからには絶対稼ぐ人になってやる！　そんで、絶対いつか私の人生を取り戻してやる！　必ず笑ってやる！』

そう思えるようになったのです。

葛藤も相当あり複雑な心境だった当時の私の心にやる気を与えて下さったあの風俗店の従業員の方のように、この本を通じて大勢の女の子に励ましと勇気を与え、そして貧困などの理由で泣いたり苦しんだりせずに、ビックリするほどたくさん稼ぎ、輝かしい笑顔の『キラキラ女子』になって頂けましたら、この本を書く冥利に尽きます。

そして、この風俗業界で活躍される上で、ほんのちょっとの『コツ』さえ実践すれば、稼ぐお金を2倍、3倍と倍増させることが可能であります。

大勢の女の子がこれらの『コツ』を大いに活用され、ビックリするほど稼いで頂き、叶えたい夢や目標を大いに叶えて夢を実現するナンバーワン愛され風女となって頂くことが、私がこの本を通して最大の目的であり本望です。

この本の主な内容ですが、

①より快適に大金を稼ぎ『目標金額』を達成するためのコツ。
②多くのご指名を得て稼ぐためのコツ。
③みんなから愛される人気風俗嬢になるためのコツ。
④お店の中の人間関係を良好に過ごすための処世術。

これらの4点をじっくりと真面目に解説した内容となっております。
また、風俗産業未経験者の方のために『2日間で10万円バッチリ稼いじゃう！風俗1年生メモ』をおまけにしました。

目標や事情も人それぞれ。

この本を通して得た『稼ぐためのコツ』を実践して、いち早く『目標金額』を達成されて、ご自分の夢や目標を現実にし飛躍して頂けたら幸いに思います。

また、周囲の人に風俗で働いていることなどを公言せず秘密で勤めておられる方々もこの業界には大勢います。

そんな方々にとって困ったことがあった時に、この本が『良いやり方を教えてくれる友人』になれたなら幸いです。

夢を見たり羨むだけではなく、それを叶えようと勇気を出される方の力添えになれれば本当に嬉しく思います。

皆さんの実り多き幸せを願って…。

からすあげは

Scene #1

いっぱい稼げちゃう！『業種選び』『店選び』のコツ。　019

Scene #2

自信がなくても大丈夫！　収入を増やす『自己演出』のチカラ。 075

Scene #4

Bonus

Scene #1

いっぱい稼げちゃう！

『業種選び』『店選び』のコツ。

風俗で大金を手に入れよう！
ローリスクハイパーリターン手帳術

風俗への興味や叶えたい夢があっても「なかなか決断ができない」と悩んでいる方はとても多いと思います。

風俗業界を一言で表現をするならば、ずばり『ハイリスク・ハイリターン』。ハイリターンである『お金』が非常に魅力的な産業です。

まず、大抵のお店の給料の支払いが完全全額日払い制であること。そして何よりも金額の多さが最大の目的と言っても過言ではないと感じます。

お店により価格設定など額面の違いはあれど、1日に数万円。多い方で数十万円の収入があるのです。

『お金』をしっかり稼ぎたい方にとって、非常に素晴らしい環境と言えるでしょう。


ですが光もあれば陰もあり。


『お金』というハイリターンと表裏一体でぴったりくっついて来るハイリスクがあることも事実です。

そのハイリスクこそズバリ、**ストレス**であると感じます。

サービスが故の肉体疲労も当然のようにありますし、風俗の特色でもある『自分自身が商品』であるが故の精神的ストレスをともなうことも事実。

これは年齢や経験、人気の有無など関係なくついて回ります。

そしてこのストレス対策を怠っておりますと、自分自身が商品という風俗の営業性質上、心が病んでしまう可能性も十分にありうることだと感じます。
ですので、いかにストレスフリーのコンディションを作り上げ、その上で目標達成するかが重要なポイントと感じます。

私のストレスコントロール失敗談でございますが、風俗で働き始めてまだ間もない頃、その頃の勤務時間は昼の13時~深夜0時までの約半日勤務でした。
家に帰宅する頃は、日付が変更した深夜1時過ぎ。

仕事途中でのご飯休憩がほとんど取れなかったこと、そして何より、仕事でのストレスが重なってしまい、仕事が終わった後、徐々に深夜に暴飲暴食をしてストレス発散を繰り返すようになっていったのでした。

『食』でのストレス発散は風俗の女の子にありがちな落とし穴で、風俗嬢の方だとハマっちゃった経験がある方も多いのではないかなと思います。

けれども、そんな日々を過ごしておりますと当然のごとく、ストレスと同様、私の体重の方も大幅に増加の一途を辿り続けたのでした。

そんなある日。

お店の方から突然お呼び出しを受けて、私の目の前に入店当時撮影をした、お店での私のパネル写真を差し出されキッパリ言われたのでした。

『はっきり言うよ！　写真と本人が別人になっちゃってるよ。今なら間に合うからこの頃に戻っておいで！』

当時の私は今で言う、パネル写真と本人の落差が激しい場合を指す隠語である、『パネマジ（パネルマジック）』になりつつあったんだと思います。

写真と自分を見比べ『わっ、逆フォトショやっ！　メッチャでっかくなっとるわ!』とやっと自分の現状に気がつき、その後、目が覚めたかのようにすぐ野菜中心の食事に変え、温泉好きということもあったので、スパ施設に足しげく通い、体内デトックスを促すようにしました。

同時に風俗を始めたころからつけていた手帳の記述方法やストレス発散法も、より自分をコントロールしやすいよう改め直しました。

するとその効果もあり、深夜の暴飲暴食の習慣は無くなり、体重も元に戻すことができたのでした。

そして何より、手帳術の見直しで自分自身のモチベーションが維持しやすくなり、体重だけでは無くストレスもスッキリ減少することができました。

そのかいもあり、お陰さまで15年も元気に風俗で活躍させて頂きました。

働く上でストレスフルな状況に陥らずモチベーションを維持するためのコツで

ございますが、まず『**はっきりした目標金額の設定**』それに毎日必ず『**自分を2・3個は褒める**』ことが非常に大切です。

風俗で働く女の子達の理由として『お金を稼ぐ』ことが最大の目的。
この理由は、ほぼ全員と言っても過言ではないように思います。

ですが『はっきりした目標金額』が決まっておらず管理も不十分。
おまけに入ったと同時にストレス発散という理由で使ってしまっていたら、目的である『お金』を手に入れることからズレてしまうため、ストレス発散のつもりが益々ストレスフルに…という連鎖になってしまいかねません。

そのような負のループに陥らないようにするための方法として、まず一つ目に、はっきりとした**最終目標金額**や**年度目標額**、**月間目標額**を決めてください。
それにより、目標のための自分自身の考えや行動もハッキリし、ストレスフルな日々に陥らずに目標金額も達成しやすくなります。

そして二つ目に、そのための**『計画と期間』**を決めること。

ゴールのない努力を突っ走ることは非常に心を虚しくさせるように感じます。

そうならないために、いつまでに目標金額を達成する…といった期限をしっかり定めること。

そして三つ目にそれをプライベート用とは別の仕事用の手帳を用意し記帳・管理していくことが非常に大切です。

そして記帳される時に、今日あなたが頑張ったことを2、3個ほど、必ず褒める内容を何でも良いので書き足してみましょう。

『自炊ちゃんとした』

『パンストの換えきちんと用意してた』

など、仕事とは何の関係の無いことでも一向に構いません。

そんなに書くことがないと思われる方や、自分で自分を褒めるなんて何だかナルシストっぽく違和感を感じると思われる方もいらっしゃると思います。


ですが、風俗で働いている女の子の多くは、家族や知人など周囲の方に公言せず秘密で働かれている方が非常に多いのが現実。

それに加え、個人商売的な要素も極めて色濃いため、風俗でどんなに頑張ってもいても周囲から褒めて貰えることが非常に少ないのです。

ですので、最低でも2、3個。

多ければ多いほうが良いのですが、少しでも構わないので**毎日自分自身を褒めて自愛する習慣**を身に付けましょう。


自分で自分を褒めることを習慣化させることにより、自分の存在価値の大切さを改めて確認することができポジティブマインドも維持しやすくなります。

そして、何よりやり遂げたという事実から生じた自信が手帳の中だけではなく、自分の中でムクムクとたくさん芽を出し大きく成長し、ストレスフルな状況に陥りにくくさせます。

先程も申し上げましたようにこのように記帳を継続し続けることで私自身15年間、お陰さまで心身ともに健康に活躍することができました。

…そしてもちろん、性病のリスクの回避のためにも1ヶ月に1回定期検査の受診もお忘れなく！

手帳でストレスフリー！

①目標金額を設定！

最終目標金額・年度目標金額・月間目標金額

②計画と期間を設定！

いつまでにいくら稼ぐ！

③今日の自分を褒める！

最低でも2、3個は自分を褒めよう！

衛生管理・予防・ケアをしっかりしておりましたら、めったなことでは大病になることはありません。ですが、検査は自分の体調を確認するためにも非常に大事なことであります。

自分を守ることは大勢のお客様を守ること。そして、それらはあなたの稼ぎに必ず反映します。

地域や病院にもよりますが、だいたい約1万円くらいで検査をして頂けますので、毎月必ず実施されるようにしましょう！

『お金』と同時にストレスフリーな『心』をコントロールして、目標金額を少しでも早く達成し、最終的にさっさとこの業界に未練もなく辞めることを目標にしましょう！

①最終目標金額や年度目標額、月間目標額などのはっきりした目標金額を設定

すること。そこからあなたの夢がスタートします！
②詳細な『計画と期間』を定めて、さっさと風俗を辞めることを目標にすること。
③記帳をする時、必ず自分を2、3個褒める内容を書きましょう。繰り返し行うことにより現状を把握ができ、同時にモチベーションも維持しやすくストレスが軽減されます。

心と金
手帳次第で
アゲアゲに！

お店選びで女子目線は失敗の原因！『男子的エロ目線』で勝ち組に！

お店選びはとても大切で、あなたの今後の活躍や『目標金額』が決まるといっても過言でないように思います。

ですが、お店選びと一言で申し上げましてもネット、情報誌、もしくはスカウトといった様々な形態があり千差万別。

情報も多ければ多いほど迷ってしまうものです。

ですがもう一度助言させていただきます。

お店選びほど真剣に取り組まないといけないものはありません。なんとなく、で選ぶと、後で後悔をされてしまうことが大いにありうるのです。

私自身の失敗経験ですが、当時、東京で一人暮らしをし普通に働いておりましたが前書きでも述べた理由で、お金が必要となり一念発起し風俗で働くことを決意を致しました。

そして働くとなればお店選び。

まず、当時の私は自分自身を『女子的キビシイ目線』で、

『胸が無いし…』
『ガリガリだし…』
『非リアだし…』
『若干ガニマタだし…』

…などなどと自己分析したのでした。

それに『吉原』『新宿』『池袋』『渋谷』『川崎堀之内』…地域もお店も多くあり、

どのお店がよいのかサッパリ検討がつかないため『もうここでいいや』と良くわからないまま都内の某地域にあるソープランドに決め、幸運にも採用して頂き勤め始めたのでした。

その時の面接は、前書きでお話しをさせて頂きました普通の営業マン風の従業員の方でした。

正直、もっと怖そうな雰囲気の方が出てくるモノだと勝手に想像たくましく思い描いておりましたので、普通の方過ぎて本当に拍子抜けした思い出がございます。

面接の内容はアルバイトの面接などとほぼ変わりません。

少しだけ違う点と言いますと、お店のプロフィール用にスリーサイズやカップ数、好きな体位、エッチは好きか、トラブル防止のために彼氏の有無、希望の源氏名などを質問されることぐらいでした。

その後、そのお店以外に複数のお店で勤務をさせて頂きましたが、面接はだいたいどのお店もこれとよく似たようなモノでございました。

そして、私にとって記念すべき初風俗店の女の子の年齢層は当時の自分よりもグッと上の方ばかりのいわゆるベテラン風俗嬢の方が多く在籍するお店。

私は風俗未経験ということもあり正式に勤務する前にそのお店の熟練コンパニオンの方から手取り足取り講習をして頂きました。

緊張してガチガチの私をなだめるように『大丈夫！　必ずスグに身に付くから』と笑いながら励まして下さり、非常に安心したことを今でもハッキリと覚えております。

服の脱がせ方から、泡洗い、マットといったソープでは非常に大切な実技や、会話のコツ、名刺の書き方、部屋の使い方、所作のあり方などをだいたい2時間ほど丁寧に教えて頂きました。

大抵の風俗店では、当時の私のような風俗未経験者の場合、サービス内容の習得のために講習がございます。

ですので初めて風俗に足を踏み入れる方もどうぞご安心ください。全く心配はありません。

そして先程も申し上げましたようにそのお店は、ほぼ全員ベテラン風俗嬢の方ばかりのお店でありました。

私自身、風俗の世界に飛び込んだばかりで知識不足であったために『風俗ってこんなモノなんだろう』と自己解釈し、講習以降は、特に気にすることもなく勤務を継続していたのでした。

そんなある日。とあるお客様からそれとなく『ここは若い子より、おばちゃんが人気のお店だよ』と助言をして下さったのです。

『ああなるほど。どうりで人妻プレイや近親相関プレイを求められる訳だ…。』と妙に腑に落ちる点があり、すぐに、男性向けの風俗情報誌や、お客様のリアルな意見を聞くことができるインターネット掲示板を利用し調べました所、私のお店に関しての情報で『熟女』『濃厚プレイ』といったキーワードをとても多く目にしたのでした。

つまり、『熟女』『濃厚プレイ』を求めるお客様が好んで来られるお店であるということをようやく理解できたのでした。

お店選びを間違えていたことにやっと気がつき、今度は風俗を利用するお客様の立場になり自分を『男子的エロ目線』で客観視することにしました。

『20代前半若い』
『普通にどこにでも居そう』

…とピックアップ。

そしてこれらを風俗で働くための自分の強みと改めて認識し直したのでした。

その後、お店のコンセプトが自分の強みとマッチングしているお店を情報誌やインターネットなどからピックアップし、再度、お店を勤め直した経験がございます。

このように、『女子的キビシイ目線』で自己分析した上でのお店選びは失敗の原因を産み出す可能性が非常に高いのです。

これを回避するコツは風俗を利用するお客様の感覚に添った、『**男子的エロ目線**』で**自分を客観視**し、風俗で働く上での**自分の強み**としてしっかりと認識すること。
その上で自分の強みとマッチングしたお店を選択することが重要に感じます。

…例えば、ソープランド一つを取っても、高級店、中級店、大衆店、人妻、アイドル、ＯＬ、素人…などなどお店によってコンセプトや価格も違ったりします。
そうなると当然のようにお店側が求める女性もお店のコンセプトや価格に見

合った女性である場合が多いのです。

このように、お店のコンセプトと自分の強みを合わせたお店選びは、あなたの今後の収入に直接影響をおよぼす非常に重要なこととなります。

それらがあっていない場合、思うように稼げないで悩む可能性が大いにありうるのです。

そしてもう一点。お店に在籍している女の子をインターネットで調べることをオススメします。

お客様のよりリアルな意見が書き込まれているインターネット掲示板などを利

男女で目線は違う！

●年齢

熟女・人妻・OL・学生

●見た目

派手・普通・地味

●体形

ぽっちゃり・普通・痩せている

自分の強みを見つけよう！

用し、どのような女の子がどのようなサービスをしているのか、年齢はいくつくらいが多いか、全体的な体型は…など、そのお店を利用する男性の本音に近い意見を確認してみることをおすすめします。

これらをチェックした上で、比較的に雰囲気の良いと感じるお店を『男子的エロ目線』で選びましょう。

風俗には大抵どこのお店でも『体験入店』という制度があり、文字の如くですが、まずはだいたい1～7日くらい『体験』して感触を確かめてもらうための制度があります。お店を選んだあとは、体験入店でお店の実際の雰囲気を見てみるのがいいでしょう。

当たり前のことですが結局、風俗店を利用するのは男性なのです。

利用する男性の立場になってお店を選ぶことが非常に大切であります。

『女子的キビシイ目線』ではなく、『男子的エロ目線』で自分の強みとコンセプトが合った雰囲気の良いお店を選び、お金を目一杯たくさん稼ぎましょう！

「お店選びでの男子的エロ目線の法則1」

①自分の強みを『男子的エロ目線』でピックアップし強みとして認識すること。
（熟女、人妻、OL、学生、ぽっちゃり…）。
そして自分の強みとマッチングしそうなお店の候補をあげる。

「お店選びでの男子的エロ目線の法則2」

②『求人情報』や誘ってくれた方からだけでは得られないお店の情報を、『男子的エロ目線』でインターネットや雑誌などを利用して確認し、ターゲットのお店の傾向（老舗、有名店…）や、雰囲気（活気があるか否か…）を確認。
お客様や女の子に対するお店の愛情があればこそ広告費用も多く、情報量も多いモノです。そういった点も確認。

「お店選びでの男子的エロ目線の法則3」

③『男子的エロ目線』でお店に在籍している女の子をインターネット掲示板などので確認し、「ここだったら大丈夫」と思う雰囲気の良いお店を選ぶ。

めちゃ稼ぐ！
男目線で
勝ち組に！

継続はチカラなり！
夢をかなえるモラル重視の業種選び。

モラル？ と思われる方も居られるかと思います。モラルという意味は『道徳感や論理感』。ここでは『自分の許せる常識』といった意味で使用させて頂きます。

『目標金額』もあり、勇気をふりしぼって頑張ろうとしても、『自分の許せる常識』以上の仕事を継続し続けることは非常に耐え難いことのように感じます。

その結果、イヤになって辞めてしまったり、風俗自体にトラウマが生じてしまえば、『目標金額』や叶えたい夢を諦めざるをえなくなってしまい本末転倒です。

私の経験ですが、【お店選びで女子目線は失敗の原因！『男子的エロ目線』で勝ち組に！】でも申し上げましたように、風俗で初めて入店したお店は、『熟女』『濃厚プレイ』が売りであるソープランドでした。

私自身とても運が良かったことですが、そのお店のお客様はとてもお優しい方が多く、その上に、従業員の方々も不馴れな私に長年培ってこられた技術や接客法を色々と教えてくださり温かく接してくださいました。

ですが、そのお店に遊びに来られるお客様が求められているのは『熟女』『濃厚プレイ』。

あれから15年後の現在の私は『熟女』『濃厚プレイ』を接客させて頂くことに全く抵抗はございませんが、風俗1年生の当時の私にとって、この『濃厚プレイ』は非常に難しく、お客様の要望に満足できる技術や対応能力がまだまだ不十分でありました。

一番要求され困った濃厚プレイはお客様が子供になりきり、母親を犯すというシチュエーションを、当時22歳の私が、推定年齢50歳のお客様に要望されサービスさせて頂いた時でした。

これも今なら充分対応可能でございますが、当時の私にとっては

『ママ…?』

『おしりペンペン?』

…など困惑しまくりで非常に対応が難しく感じました。

このように『自分のモラル』から逸脱した業種やコンセプトで勧められることは、途中で挫折なさってしまう可能性も高いため、せっかく出したあなたの勇気が無駄になってしまいます。

『目標金額』や夢を実現させるためにまず一番大切なことは、**仕事を継続すること**が基本であり、極めて重要なことであります。

そのためにまず、『自分の許せる常識』を真面目に考える必要性があるように感じます。

自分自身の体調面やメンタル面などをよくよく鑑みて、各業種のサービスと照らし合わせながら、『ここまでだったら自分の常識が許せる』と思えるかどうかを一度検討してみましょう。

そうすることにより、あなた自身の心や体のバランスも保つことができ、『目標金額』や夢を実現するための継続力がグンと延びます。

そして、一言で風俗と申しましても、ソープランド、ファッションヘルス、デリバリーヘルス、ピンクサロン、イメクラ…等々と業種も多種多様。

それに加え、各業種でコンセプトも金額も一律ではなくお店によって異なります。

ですので、『自分の許せる範囲』と各業種の特色、この2つに妥協点を見い出せそうな業種を選びましょう。

『目標金額』や夢を達成させるための継続のチカラとなります。

代表的な3つの業種を紹介させていただきます。

①ソープランド

『高級店』『中級店』『大衆店』と金額的にも大別され表示されておりますが、内容を一言で表現するとすれば『本番あり』のサービスとなります。

しかし風俗産業の中では**非常に高額収入**を得やすく、1番総額の安い大衆店でも写真指名（フリー）のお客様に対して、女の子の手取りが大体8000円〜1万円くらいはあり、高級店となりますと1人のお客様に対して女の子の取り分が、2万〜5万円と非常に高額であります。

そして、サービスの性質上『生理休暇』という休暇も必ずあり、稼ぎたい女性にとても優しい業種である感じます。

ソープならではのマットプレイや椅子くぐり、泡おどりといった技術を体得するため、ソープ以外の風俗全般的に使うことができる技術の振り幅が広がることも事実であります。

そして実際に働いてきて思うことでありますが、男性の性器も、ちっさいさんに、おっきいさん。仮性さんに、真性さん…と様々であるように、女性のMンコも様々であると感じます。

大抵の方は働いていくうちにだんだんと慣れて様々な性器に対応可能となります。

そしてMンコが余り濡れにくく痛みを覚えたりするため余りセックスをお好きでは無い方も居られるように思いますが、そのような方のために風俗での定番潤滑ツールである『ウェットトラスト』などもございます。

それらを補助的に利用されることで解決される場合が多くございますのでご安心下さいませ。

ですが女性の体の大事な部分を酷使せざるをえないということは事実。

それらに抵抗があったり不安な場合は辞めておいたほうが良いように思います。

②ファッションヘルス

通称、箱ヘル。

ソープランドとは違い『本番なし』の手や口でのサービスでございます。

そしてお店にもよるのですが、ソープランドに比べコンパニオンのキャラクター性であったり、特徴を生かすことを重視しているお店も多いように思います。

例えば、『素人』『制服』『コスプレ』等の女の子の年齢層の若さを特徴とするお店。素人風な女の子と恋人のように楽しむことをコンセプトとしている場合が多くございます。

私の経験上ではありますが、このようなコンセプトのファッションヘルスでは、技術といったハード面も大切なことではございますが、それ以上に愛嬌や笑顔、そして恋人気分を味わって頂くといった**ソフト面が非常に重要**であるように感じます。

実際、アイドル的な扱いで情報媒体に出ている人も多いです。

その他にも、『マットヘルス』『人妻専門』『M性感』『メイド』…など、技術やキャラクター性を特徴とするお店もございます。

あくまで私自身の個人的な見解ですが、ソープランドやデリバリーヘルスと比較して、ヘルスに来られるお客様は全体的に保守的な方が多く女の子に感情移入してくださりやすい方が多いように感じます。

つまり固定客としてお店に来てくださる可能性が高い方が多いのかなと率直に感じます。

そしてファッションヘルスは写真指名（フリー）のお客様の場合、女の子の取り分が大体８０００円～１万円くらいはあり**非常に高収入**を得やすいです。

これから風俗で働こうとされる風俗初心者の女の子に非常にオススメであると強く思います。

なぜかと言いますと、先程も申上げましたようにファッションヘルスに来られるお客様は、女の子に対し感情移入してくださりやすい方が、他の業種と比べ比較的多いように感じます。

ようするに技術がまだ未熟な段階であっても固定のお客様を掴みやすいのです。

その後にあなたが、もし他の業種やお店に移籍なさった場合でも、あなたを贔屓にして下さった固定のお客様を誘導なさりやすいように思います。

（お店には嫌がられるかもしれませんが…。）

そして『生理休暇』もソープランドと同じく取得できます。

マイナス要因としてはズバリ『口』や『手』を酷使せざる得ないこと。

飲酒をなさっていたり、いわゆる遅漏といったなかなかイカないお客様のへのサービスの時など、手が腱鞘炎を起こしそうになったり、アゴや口回りが痛くなったりすることも女の子の体調や体質にもよりますが無きにしもあらず。

中には本番を強要されるお客様も時おりおられたりもします。

そういったことに不安感や抵抗感がある場合は辞めておいた方が良いように思います。

③デリバリーヘルス

ソープランドやファッションヘルスとの大きな違いとして、ソープランドやファッションヘルスは店舗型。デリバリーヘルスは無店舗型と言うところです。

そして現在、一番多いのがこのデリバリーヘルスです。

当然、種類もバリエーションも本当に豊富。

『人妻』『熟女』『デブ専』『学生』『激安』『地雷』…。

ですので、自分の強みとお店のコンセプトがマッチしたお店選びをすれば抜群に高額収入を得やすいように感じます。

写真指名（フリー）のお客様に対して女の子の手取りはお店の数も非常に多いため一概には言い切れませんが、
大体8000円～2万円くらいと価格もお店によりけりであります。

そして勤務時間も店舗型と比べ、しばりが緩く比較的に自由であると感じます。

ですので本業とは別の副業として勤務をなさりたい方に非常にオススメ。

それに加え店舗型のお店と比較するとお店のパネル写真の露出に対して寛容であるお店が多いです。

よって、パネル写真が原因での身バレ（※）のリスクが著しく低く安心して勤務することが可能であります。（※身バレ…友人や知人に身元がバレてしまうこと。）


マイナス要因としては仕事をする上で移動が必ず生じること。

仕事をするに当たり、待機場所である事務所などからお客様の指定するホテルや自宅へ出張をする移動時間のタイムロスが店舗型のお店と比較すると多かれ少なかれ必ず発生します。


多くの移動手段はお店専門ドライバーさんによる車での送迎。

ドライバーさんも大抵の場合、根が真面目な方が多いので、時間をとても気にされなるべく迅速にお客様の指定された場所に女の子を届けて下さいます。

そして中にはラブホテル街に特化したデリバリーヘルスもあり、ラブホテル街のすぐ近くに事務所を構え、事務所からお客様の指定されたホテルまで女の子自身が徒歩でうかがうという場合もございます。

ですが、いずれにせよ店舗型のお店と比較するとタイムロスが発生することは事実。

それらに抵抗を感じる方は辞めておいた方が良いように感じます。

業種選び＝継続と言っても過言ではありません。

継続するための業種選び

●ソープランド

本番あり、何より高収入
技術の体得などハード面重視

●ファッションヘルス

本番なし、コンセプト・キャラクター重視
固定客がつきやすい…？

●デリバリーヘルス

無店舗型・バリエーション豊富
身バレしづらい

何事もそうですが、継続がチカラとなり結果的に「理想の未来」が生まれます。
『目標金額』や夢を叶え「理想の未来」をつかむため、自分自身のモラルと向き合い、ないがしろにしない業種選びをしましょう！

継続は
いっぱい稼ぐ
ミナモトだ

『地域性』を個性にして『大金』を征する！

地域性を個性に…と言いましても、何もそこの地域の人口比率や商圏密度を把握する…といった小難しいことではなく、あくまでサラッと地域の印象を理解することです。

ここでも重要なのは風俗を利用するお客様の立場に寄り添った『男子的エロ目線』。

女性目線はまたもやNGです。

あくまでお客様である男性目線で、『その地域（お店）を選択する男性の求める要求を大まかに把握する』ということです。

…例えば、東京都渋谷地域。

まずはその街にある有名な施設や場所、そして観光スポットをいくつかピックアップしてみましょう。

渋谷のプレイスポットの代表格と言えば、渋谷センター街、キャットストリート、代々木公園、大学や専門学校、隣が原宿…。

ここで『男子的エロ目線』を作動させます。

渋谷の街の印象として一番に思いつくことは『若さ』『活気』といった文言のように感じます。

イコール**『若くて今風』**や**『元気を与えることができる』**といった個性が、渋谷地域の風俗で働く上で非常に有益な『強い武器』になることがわかります。

次に地方都市で、山口県下関地域。

下関市だけではなく山口県自体の代表的なことをいくつかピックアップします。

地方都市の場合は道府県全体で見る方が良いでしょう。

山口県といえば有名な政治家や総理大臣を何人も輩出、討幕の名残を感じさせる場所が幾つも点在。古くからお隣の国との交易も盛ん…。

ここで『男子的エロ目線』を作動開始させます。

山口県の印象として『実力』『プライド』といったような言葉が思い浮かぶと思います。

つまり、**『しっかりしたサービスの提供ができる実力』**や、**『プライドをくすぐることができる』**という個性が下関市という場所では有益な『強い武器』ということとなるのです。

何も特別に難しく考える必要性はありません。

ようするに、地域性の把握というのはその土地に住んでいる男性や、その土地で遊ぶことを選択する男性の傾向・求めることを把握することです。

本当にザックリでかまいません。

そうして感じた土地の印象や雰囲気を自分なりに個性として取り入れてみてく

ださい。

サービスを提供するあなただけではなく、その地域に対しても、お客様はより良い印象を感じ、結果として再び遊びにいらしていただけるのです。


そしてこの地域性。

お店での写メ日記に活用することによりお客様を来店へ誘導させやすくすることが可能でございます。


大抵の風俗店ではお客様への営業ツールとして写メ日記を実施しており、多くのお客様に風俗嬢である自分をより一層アピールするため、風俗で働く女の子達は様々な写真や文章を試行錯誤され投稿しております。

大勢のお客様に写メ日記を読んでいただき、実際にお店に足を運んでもらうためのコツでございますが、写メ日記にお店の所在する地域の名前、そして地域で起こった出来事やイベント、話題のお店などを文章にふんだんに取り入れるようにしてみましょう。
デリバリーヘルスの場合は**頻繁に派遣される地域のことを書く**ようになさって下さいませ。

そうされることでお客様にあなたと同時にお店の所在する地域に興味を持って頂き、『へ～。ちょっと今度行ってみようかな』とその地域＆お店への来店に誘導させやすくなります。

そして方言。こちらもお客様に好印象を与え非常に有効でございます。

文章全体をまるまる方言で書く必要はございません。
言葉の節々程度にご自分の出身地、もしくはお店のある地域の方言を取り入れてみることをオススメいたします。
あなたに対し親近感がより一層に高まるため、非常に有効であります。

ですが、あなたと同じ出身地の方が同郷意識で来店なさる可能性が非常に高まることも事実。『身バレ』に対し不安があるようでしたら、控えられた方が懸命であります。

もちろん添付する写真でのエロスアピールもお忘れなく……！

土地も立派な『個性』の一つです。しっかり活用してみましょう！

その街の個性をつかみ客つかむ

『出稼ぎ』のメリットとデメリット

この風俗産業には『**出稼ぎ**』というシステムがございます。

自分の住んでいる地域で働くことに抵抗のある方や、決まった期間内でしっかり稼ぎたい方などににうってつけのシステムです。

お店にもよりますが、寮完備であったり働く間に宿泊するホテルやウィークリーマンションを斡旋してくれたりするなど手厚く対応して下さるお店も多いです。

私自身の経験ですが、昔、京都観光がどうしてもしたくて友人（風俗嬢）と調べていた時のこと。

京都のすぐ近くの滋賀県雄琴温泉にソープランド街があることを発見したのでした。

『へーこんな所にあるんじゃ。知らんかったわ。』とソープランドのホームペー

ジを閲覧していたところ、
そこに『出稼ぎＯＫ！　寮完備！』との記載が。

『いいじゃん！　これ利用すればホテル料金要らないよね？』と２人で大盛りしいざ京都へ。

約３日ほど友人と共に『出稼ぎ』と観光を両立した経験がございます。

それ以降もたびたび『出稼ぎ』システムを利用して、どこも２・３日程度ですが旅行・観光がてら色々な地域で働かせて頂きました。


今となってはなかなか良い思いでです。

このように『出稼ぎ』システムは旅行としても有効に利用することも可能ですし、希望する期間をあらまし聞き入れてくれますので、居住地域以外で安心して『目標金額』をかなえることに対応してくれる有り難いシステムと感じます。

○『出稼ぎ』システムのメリット

有効に活用すれば、居住地以外ということで『身バレ』の心配が極めて低く勤めることができ、希望する土地に自分で不動産契約をせず一定期間内居住ができること。そしてちょっとした旅行気分も満喫ができます。

お客様の反応も、わざわざ違う地域に来てまで働いているということもあり、非常に可愛がって貰いやすく、それゆえに、たくさん稼ぎやすいように感じます。特に地方に多い傾向ですが『出稼ぎ』の女性を重用しているお店も多くあります。気軽さと身軽さ、それに安心感があるシステムであると感じます。

●『出稼ぎ』システムのデメリット

短期間の場合は必要ないのですが、長期間勤務する場合は、『はっきりした目標金額』の設定、そして働く上での『詳細な計画』を、より一層にしっかりきちんと管理しましょう。でないと、モチベーションの維持が難しくなってしまい、継続が困難に陥りやすくなってしまうように感じます。

出稼ぎをする地域に行くまでの時間や交通費、そして手間や労力が『出稼ぎ』システムには必ず付きもの。

ですので『出稼ぎ』で長期間継続的に勤めるのであれば、より一層に、『はっきりした目標金額の設定』と『詳細な計画』をしっかりと管理し、モチベーション維持につとめることが大切なこととなります。

出稼ぎは
旅行気分だ
旅費浮くよ

『身バレ』の心配ご無用！『身バレ』防止のヒント

身バレという意味ですが、【継続はチカラなり！　夢を叶えるモラル重視の業種選び。】でも申し上げましたが、知り合いや友人に働いているあなたの身元がバレてしまうということ。

私自身の経験ですが、知り合いを接客したことが過去にございます。
東京で勤めていた頃、小学校時代の同級生がお客様として来店したのです。『アンタ何でここにおるんっ?!』と心の中で動揺したのですが、入店前に風俗専門のプロのカメラマンさんに撮影して頂いた、お店やホームページで使用される私のパネル写真。

身バレ防止策として顔が一切写っておらず、おまけに実物の私よりウエストもくびれ、足もスラッと長く、バストも豊かに見映え良く加工を施して頂いたこともあり、全く気が付いている様子ではございませんでした。

パネルマジック効果はこのような時、身バレ防止に一役買います。

それに加えて『出稼ぎ』で身に付けた方言力を駆使し、何食わぬ顔で出身地も年齢も嘘を並べ、役者としてその場を演じ切り通したのでした。

店内の間接的な照明の暗さでハッキリと顔が見えないこと、それに小学校時代の私は見事な肥満児だったことが幸いし、幸運なことにお相手の方はサービスタイム終了まで気がついておりませんでした。

けれども接客する私の心中は穏やかでないことは事実。

その件があって以降、必ず接客前にお客様のお顔をモニターカメラで確認し、知り合いでないことをチェックさせて貰い、その後に接客させて頂くようになりました。

ですがこのモニターカメラ、全ての風俗店に設置しているかと言いますと、決してそうではありません。

『ソープランド』『ファッションヘルス』『ピンクサロン』といった実店舗型のお店であってもモニターカメラを設置していないお店は数多くあります。

また、『デリバリーヘルス』も営業の性質上それしかり。

ですので、身バレのリスクを回避する方法として、応募する段階で必ずお店の従業員の方に、モニターカメラの設置があるかどうかを確認することが大切です。

もし無い場合は、接客前にお客様の顔を確認することができるのかを確認しましょう。

そしてもう一点。パネル写真からの身バレ防止策としての助言でございますが、お店やホームページで使用されるパネル写真。

先程も申上げましたように、大抵のお店は風俗専門のプロのカメラマンさんに撮影をして頂きます。

ですので、パネル写真撮影前によくよくお店の従業員の方に身バレの可能性が心配であることを率直にお話しして下さいませ。

お店によって『目線』、『ボカシ』、『手のひらを使い顔を隠す』、『顔の一部分だけ』、『首から下』など使用するパネル写真に配慮をして頂けます。

そして、風俗を利用するお客様サイドからすると非常に厄介なパネルマジック。

これも実は風俗で働く女の子の立場からすると、写真からの身バレ防止に大いに役立って居るのは事実であると強く感じます。

このように、写真による身バレは、写真の加工で予防することが充分に可能であります。

自分の身を守るのは自分次第です。
身バレリスクの回避をおこたらずに不安を少しでも無くして、『目標金額』を達成して夢を実現するように勤められましょう！

身バレはね
確認・加工で
大丈夫！

『自分へのごほうび』で、やる気パワーチャージ！スモールゴールの法則。

モチベーションを維持する秘訣は人それぞれ。

やる気の維持には『**自分へのごほうび**』が一番有効に感じます。

ちなみに私のやる気を維持するための『自分へのごほうび』は、『スタバのキャラメルマキアートを家でくつろぎながら飲むこと』です。

ソファーに膝掛けをしてゴロゴロしながらキャラメルマキアートを飲み、漫画や本を読んだり子供と話したりしている時間が最高に落ち着きます（小さっ！）。

ですので、『はっきりした目標金額』とは別に、『自分へのごほうび』をするためのスモールゴールの設定をしましょう。

スモールゴールとは、文字のごとく『小さいゴール』ということ。

『自分へのごほうび』も人それぞれです。

旅行や、ドライブ、読書、パワスポ巡り、エステ、ネイル、ファッション、そして私と同じくキャラメルマキアートの方も居るかもしれません。

自分自身が思う『自分へのごほうび』であれば何でも構わないのです。

風俗はあくまでも個人業でございます。

あなたがいくら頑張っても、あなたの同僚はあなたを褒めてはくれません。

同僚もまた個人業であり、お互いライバルなのですから。

それにこの風俗産業で働いていることを周囲の人に伏せている方も多く居られるため、頑張っていても褒めてもらえることが非常に少ないのです。

ならば、遠慮せずに自分で自分をバンバン慈しみ褒めちぎって下さい。

日頃のねぎらいとモチベーションUPのためにも、『自分へのごほうび』を実行するためのスモールゴールの設定が大切です。

期間は1日~1ヶ月で実行ができる目標にすること。


まずは自分がやりたいことをイメージします。


『欲しい物を買う』

『行きたい場所に行く』

『食べたい物を食べる』

何でも構いません。
自分の**テンションが上がりワクワク**したり、**幸せを感じることと**を選んでくださ い。

次に、やりたいことを実現するために必要な準備をすること。

『いつ実行するのか』
『費用はいくらか』、
『費用を捻出するまでどれくらい掛かるか』…。

そしてそれらを**実行する期日**を定めます。
それがあなたの『自分へのごほうび』のためのスモールゴールとなるのです。

大切なことは、あなた自身をしっかりと祝福しごほうびを与えること。
『頑張って良かった』
『次も頑張って目標達成しよう』
という意欲も高まり、仕事へのモチベーションの維持ができます。

風俗でのモチベーションの維持に自分自身へのねぎらいは必要不可欠。
どんな小さなことでも構いません。
ぜひ『自分へのごほうび』のためのスモールゴールを実践しましょう！

やる気だす
自分自身に
ごほうびを

Scene #2

自信がなくても大丈夫！

収入を増やす『自己演出』のチカラ。

自己演出のチカラの高い人は必ずいっぱい稼げる！

自己演出とは、自分で自分を演出するという意味で、『セルフプロデュース』とも言います。

自分で自分を演出だなんて、何だか自意識過剰だと敬遠する方もいらっしゃるかもしれません。

ですが、お客様に対して『自分をどう見て欲しいか』という考えをしっかりと持つことは風俗で働く上でとても大事なことです。

しかし他人のことはわかっても、自分のこととなるとなかなか上手く見えないものです。

そこで役に立つのが『女子的キビシイ目線』。
自分で自分を厳しくジャッジなんてどんな方でも嫌だと思います。
ですが、まずはあなた自身を厳しくジャッジすることがとても大切です。
…例えば私、からすあげはの場合。

『38歳』
『ガリガリ』
『どこにでもいそう』

…現実です。挙げればまだまだ出てきそうですが、今回はもうここまでにします。

そして『女子的キビシイ目線』で浮上させたいくつかの文言を
今度は『男子的エロ目線』で再びジャッジします。

『38歳』↓『わがままを聞いてくれそう』
『ガリガリ』↓『足と腕のラインは細い』
『どこにでも居そう』↓『緊張しない』

これらの『男子的エロ目線』でピックアップした事柄を、自己演出する要素として当てはめて行きます。

『わがままを聞いてくれそう』↓『妖艶で優しい雰囲気を演出』
『足と腕のラインは細い』↓『Tバックにガーター、超ミニ丈のチャイナ服などで手足を強調しスタイルの良さを演出』
『緊張しない』↓『気さくな人柄を演出』

…といった具合に、まずは『女子的キビシイ目線』で自分をジャッジし、ピックアップした事柄を『男子的エロ目線』で再度ジャッジ。

そうすることで、接客する上で必要なあなたの魅力的な個性がたくさん見つかりやすくなります。

さらにあるある例を挙げますと…

○女『太っている』↓●男『グラマーで抱き心地が良い』
◎自己演出『バストラインやヒップラインを強調したコスチュームでドエロを演出』
○女『顔に自信ない』↓●男『言うことを聞いてくれそう』
◎自己演出『可愛らしい服で優しく従順そうな萌えエロを演出』
○女『所帯染みている』↓●男『人妻と遊ぶ背徳感』
◎自己演出『清楚な服にセクシーな下着といったギャップを作りドスケベ欲求不満を演出』

…といった具合です。

女性目線から見た自分のマイナス要因も、やり方次第で男性を魅了する個性となります。

しっかりあなたの個性を育て上げ、『自己演出の武器』として活用しましょう！

演出で デブスババでも 稼げちゃう

女優になる！

何も風俗に限ったことではなく、生きていれば様々な状況や場面で、意識的にしろ無意識にしろ、演じることは多くあるように感じます。

家での自分、友達の前での自分、バイト先での自分、学校での自分。母としての自分、妻としての自分、奥さんとしての自分、就業先での自分。

ですが、風俗ではこれらのような誰でも何かしら当てはめることのできる『演じる』で、仕事をすることはあまりオススメできません。ましてや、素で仕事をするなんてもっての他です。

普段のあなたとは違う『**お店だけの架空のキャラクター**』作りあげ演じ切りましょう。

普段の自分や素のままで勤めることは一見して楽なように見えますが、仕事の性質上、働いていく内にストレスフルな状態や精神的に追い込まれたりトラブルに巻き込まれるなどの辛い状況になる可能性が多いにあると感じます。

実際、この産業で支持され活躍されている女性の多くは、『お店だけの架空キャラクター』を演じることが非常に上手であると感じます。

…例えば私、からすあげはで。

【自己演出のチカラの高い人は必ず稼げる！】で確認した自分の個性である、

『妖艶で優しい雰囲気を演出』

『Tバックにガーター、超ミニ丈のチャイナ服などで手足を強調しスタイルの良さを演出』

『気さくな人柄を演出』

を『お店だけの架空キャラクター』に変換すると…、

『コスチュームは超ミニ丈のチャイナにTバックとガーターでスタイルの良さを強調。元看護師。職業柄、優しそう。出身地は別地域。独り暮らしで隙がある。恋人はノリノリで募集中。明るく気さく。妖艶なエピソードとして患者とエッチした経験が複数回あり。』

といった具合となります。

もちろんこれらは全部嘘であり、現実の私はバツイチで子供と暮らしており、ずっと恋人もいないですし、女性ばかりのアパレル業で勤めておりました。

しかし自分自身を守りながらしっかり『目標金額』を達成させるためには、『お店だけの架空キャラクター』を演じることは非常に大切なこと。

そしてもう一点、演じる上でとても多くのお客様に喜ばれ、その後の指名に繋がる確立がグン！と高くなるとっておきの方法の中の1つでありますが、**『おブス』を上手に演じること**が非常に有効であります。

風俗で『おブス』を演じる？　どういうこと？　…そう感じる方も多いかと思います。

ですがご安心ください。

ここで言う『おブス』とは視覚的なビジュアル面の問題ではなく、あなたの気持ちをお客様により一層伝わりやすくするための演技法なのです。

ようするに、コミュニケーション能力の強化と考えていただくと良いのではないかと思います。

男性の脳は女性とくらべ大局的に物事を捉えようとする働きが非常に強くございます。

ですので、女性だと普段はなかなか表現することに躊躇してしまうような、『おブス』と感じてしまう大げさでわかりやすいジェスチャーや言葉、スキンシップがお客様である男性にとっては伝わりやすく、また風俗というシチュエーションで非常に喜ばれるコミュニケーション方法なのです。

「嬉しい！　ホントに逢いたかった！　前回、イケメンだなって思っていたから幸せ！」

「お客様に見つめられると、かっこいいんで私ホント胸がドキドキしちゃう。確かめます？」

…と言ったグイグイ攻めてる感の強い大げさな表現の言葉。

雑談の時などのポジショニングをお客様の利き腕の反対側にされ、耳に息を吹き掛けたり、バストラインをお客様に寄せ付けるなどをして甘えて、「来て」とお客様からのスキンシップを促がすように演じる。

…と言ったまるでＡＶさながらの大げさな甘えるスキンシップ。

お客様のお話に相づちをうつ時には「すごい！」「かっこいい！」「素敵！」といった表現の言葉を多く使い、必ず『手』も一緒に可愛らしくボディーランゲージとして取り入れ、お客様自身に興味を持っていると感じて貰いやすいように相づちを可愛らしくくし、聞き上手を演じる。

…といった同性からはアイドル気取りでとても嫌われそうな大げさな相づち。

風俗での『おブス』なコミュニケーション方法はあなたの気持ちを、お客様により一層しっかりと伝えることができる上にお客様の満足度もとても高まる方法でございます。

女優になりきって演技をしてみて下さいませ。

そして、前項の【自己演出のチカラの高い人は必ず稼げる！】で自分の個性を

確認し、その個性を生かした『お店だけの架空キャラクター』を作り上げた上で、
ぜひ、お仕事と割りきり『笑顔』で演じてきりましょう！

役者はね
客とお金が
寄って来る

あなただけの魅力がキラッ！『独自性』のレシピ

風俗にはソープランド、デリバリーヘルス、ファッションヘルス…などなど多くの業種があることは【目的と『自分のモラル』にあった業種選び】の項でもお話ししましたが、お店選びをする中で、まずは自分自身がこれならできると感じたサービスを提供をする業種を選びます。

この時点であなたは『目標金額』達成のための新たなスタートラインに立つこととなるのです。

そして次に必要なことは、あなたにしかない『独自性』を作り上げること。

風俗でただ『働く』だけであれば独自性は必要ございません。

ですが、風俗で『めいっぱい稼ぐ』という目標を持っておられる場合、他の女の子にはない自分だけの『独自性』は非常に有益な武器となります。

では、この『独自性』を作り上げる方法はどのようにすれば良いのでしょうか。

それはまず1つめに、お店の看板であり紹介機能として重要な位置付けであるホームページに記載されるあなたのプロフィール情報を細かくチェックし、パネル写真やプロフィールの内容になるべく自分を近づけるように演出することです。

お店での宣伝材料であるパネル写真と本人との落差があまりにも激しい時に使用される、『パネマジ（パネルマジック）』という隠語もございます。

パネル写真とプロフィール、そして本人のあなたがお客様から見て合致されるよう、演出や配慮をなるべく怠らないよう心がけましょう。

私自身、風俗1年生の頃に【風俗で大金を手に入れよう!『ローリスクハイパーリターン手帳術』】でも申し上げましたように、ストレスで暴飲暴食を繰り返し半年で6キロ太ってしまい、パネマジをお店の方から注意された経験がございます。

パネルマジックもそうですが、「写メ日記」に載せる添付画像も加工を施しすぎてしまい、お店のプロフィールやパネル写真と実物のあなたの差があまりにも激しい場合、お客様のクレームにまで発展してしまう恐れもあり、従業員の方もお客様を斡旋しづらくなってしまいます。そうなると、働くあなた自身の収入によくない影響が出てしまう恐れもございます。

そのようにならないためにも、あなたのお店でのプロフィールを常に意識なさることが非常に重要であると感じます。

そしてこの時に、あなたがソープ勤務であるならばソープの他のお店のホームページも閲覧し、あなたのプロフィール内容と似ている女の子を何人かピックアップすることをオススメします。

同じ業種のその女の子達に共通する、セクシーであったり可愛らしい雰囲気を、見よう見まねで構いませんのでモノマネしてみましょう。

そのようになさることで、お店とお客様が求める個性、それにあなたならではの独自性が発揮されやすく、お店の方もあなたにお客様をスムーズに紹介しやすくなるのです。

結果としてあなたの収入に必ず良い影響が出ます。

そして2つめにテクニック。

テクニックと言いましても、初めから全てを完璧に網羅する必要は決してありません。

そのような姿勢はとても素晴らしいのですが、お店に入店された当初は、まずしっかりと一つだけ、あなたにとっての得意技を作るようにしましょう。

例えば…、

マットサービスのあるお店であればマットプレイ中フェラをする時に、竿を浅く舌だけフェラするのではなく、なるべく深く吸引しながらフェラをし、フェラの技術を他の同僚とは違う『独自性』がある得意技として発揮。

デリバリーのお店の場合は、お客様がホテルを手配し、女の子が到着するまでのタイムラグが必ず発生します。

ですのでお客様とのプレイタイムを少しでも長くするように気を配り、サービスタイムを他の同僚と違う『独自性』がある得意技として発揮。

…などなどこのように、

①お店の求める個性を自分なりで良いので演出してお店がお客様を斡旋しやすいようにすること。

②あなたならではの技術やサービスなどをまずは一つだけ築き上げるようにして、他の女性にはないあなたならではのセールスポイントを作り上げること。

これらを実行することにより、お店やお客様から厚い信頼を得られやすく、あなたならではの『独自性』が十二分にお店で発揮されます。

結果、間違いなくあなたの収入に良い影響が出て来るのです。

まずは1つだけ、できそうなことやれそうなことから始めてみましょう！

独自性
できればお客
入れ食いだ

男の人が必ず夢中になる！風俗愛されコーディネート法。

雑誌に出ている流行の洋服を着たり、メイクをしたり、ネイルやヘアを整えたり…。

可愛いく綺麗に着飾ることは女性ならいくつになっても大好きなことです。同性から『オシャレで素敵』や『ネイルキレイだね』などと褒められたりする方が、男性に褒められるより嬉しく感じる方も多いのではないのかなと思います。

ですが、そのような素敵なスタイリングも風俗では決して有益とは言えず、状況次第では収入が減ってしまう可能性が多いにあるのです。

私自身の失敗談ですが、風俗に参入したばかりの頃、アメリカのスーパースターであるビヨンセに憧れていた私のヘアスタイルは、その当事ビヨンセがしていたクルクルパーマ風のヘアスタイル。

おまけにファッションもいわゆるブラックカルチャーを意識した物でした。

そのスタイリングで風俗店の面接にいった時、店員の方が開口一番

「髪型を真っ直ぐ！　化粧はもう少しナチュラルに！　衣装（セーラー服）に似合う雰囲気にしたら採用する。」


と私に仰ったのでした。本当にコントみたいで笑えます（笑）。

ですが早急に働かなくてはならない事情もあったため、大急ぎで言われた通りイメージチェンジをした所、『アイドル系』と売り出して頂き、大いに稼がせて貰うことができたのでした。

このように、ブラックカルチャー→アイドル系といった極端な場合、非常に分かりやすいと思うのですが、風俗での女子ウケスタイルはあなたの稼ぐ額面におい

て不利益になる可能性が十分あるのです。
風俗の場合、あなたのスタイリングに「いいね」して下さる人は、女性ではなく『風俗でエッチなことをしたい男性』なのです。

風俗で稼ぐためのスタイリング方法として、

①まずお客様が風俗の女性に求めるエロスの流行などスタイリングを男性向けの情報媒体で把握しましょう。
その上で、あなたをどのようなタイプや分類で売り出しているのか、お店のホームページに掲載されている自分のプロフィールなどを確認して、しっかりと理解しましょう。

②そして次に、男性向け情報により得られた風俗の流行などを、お店でのあなたのプロフィール上のキャラクターにどのように取り入れるかを考えます。

こう文章で読むと難しそうに感じられる方もおられると思いますが、多くの方がされている女性雑誌やテレビなどから流行の情報を得て、自分の個性やワードロープに取り入れる…といったことと何も変わりはありません。

女性からの『オシャレで素敵』を、男性からの『エロくてそそる』に変えれば良いだけのことなのです。

風俗は
一にエロくて
二にそそる

あなたのセンスを十分に光らせ、たくさん稼ぎましょう！

一人勝ち！『プラスアルファ』で指名数が倍増になっちゃう！

風俗でなくとも、多くの女の人は同じ同性同士でお互いを意識した時に、自分と相手との違いを敏感に感じることが大いにあるように思います。

これは女性ならではの防衛本能があるがゆえに、いたって自然であり当然なことなのです。

ですが、風俗を利用する側の男性の大多数の方はそうではありません。

これにはきちんとした理由があり、男性と女性ではまず脳の働きが似て異なるということ。

有名な言葉にもありますように女性は地図を把握することが苦手で、逆に男性は得意であること。

つまり、男性は大局的に物事を見て理解することが得意であり、女性の方はその逆である細やかな細部を見て理解することの方が長けているのです。

男性に好かれるには『非常に分かりやすい工夫』を際立たせる必要性がります。

現に、数ある風俗情報サイト一つ取っても、ユーザーである男性が選択しやすいよう『ギャル系』『ＯＬ系』『人妻系』…など、手に取るように分かりやすく分類され記載されております。

そのような条件の中で他の女の子と差をつけるなんて難しいのでは…と感じる方もおられるように感じます。

ですが、これが意外なほど基本的で簡単なことなのです。

それはサービスや容姿以外の気配りや配慮を『プラスアルファ』をすること。

…例えば、

疲れを絶対に見せず笑顔を絶さないようにする、アロマオイルを活用する、お店が用意している飲み物以外に用意する、コスプレ用の衣装をいくつか用意して要望に答える、洗浄後にお体を拭く時に必ずフェラをする、名刺に毎回必ず手書きでメッセージを書く、マッサージが得意であるなら数分間だけでも施術する…

といったように、あなたらしさを生かした気配りや配慮をほんのちょっぴりだけプラスアルファをすれば良いのです。

できる範囲、やれそうなことだけで十分です。

私自身の経験で非常に有効であったプラスアルファの中の一つでございますが、

自分の勤めるお店の価格より上の価格帯のお店で実施されているサービスを率先して行っておりました。

…例えばお客様に即尺をしたり、ウイスキーなどを用意する。

これだけでもお客様からすれば特をした気分となり非常に喜ばれやすいのです。

お店が打ち出しているあなたのキャラクター性を守ることも、得意技に磨きをかけることも風俗業界で稼ぐ上では非常に重要なこと。

ですが、風俗と言えど結局は接客業。

お客様がどれだけ満足して頂けるかが、とても大切なことであります。

現に、風俗業界で年齢に関係なく需要のある方ほどこのような『プラスアルファ』を怠らず、自分らしさを生かされお仕事をなさっているなと身をもって感じます。

ぜひ、あなただけの『プラスアルファ』で他の女の子に差をつけ、たくさん稼ぎましょう！

稼ぐ子は
プラスアルファを
やってるよ

リピート率急上昇！ スキンシップで愛され嬢に！

「ギブアンドテイク」という言葉があります。この言葉の意味は人によって全く違った内容や解釈の言葉なんだろうなと感じます。

基本的な意味としては『相手に一つ施しを受けたら一つお返しをする』という意味で使われ、公平性を保つときに使われる言葉の一つです。

風俗の場合の「ギブアンドテイク」つまりは見返りや公平性は、ズバリ『金銭享受の関係性』であることを切り離して語ることはできません。

金銭を与える側がお客様で、金銭の見返りとして性的サービスをする側が女の子。

つまり、ごくごく当たり前のことなのですがお客様は「性的サービス」を求めて、あなたという女性に金銭を投じておられるのです。

では、はたしてお客様はソープであれば一線を越えた行為、ヘルスであればフェラチオといった「性的サービス」だけを求め風俗に金銭を投じ利用しているのでしょうか。

答えはノーです。

前項の【一人勝ち！『プラスアルファ』で指名数が倍増になっちゃう！】でも申し上げましたように、男性は広く物事をとらえ感じる、という脳の働きによる習性が大いにございます。

それ故に、お客様は性的サービスだけではなく「あなたとの時間全体」を楽しむため、癒されに風俗に足を運んでおられるのです。

時間内では性的サービスだけに限らず、お客様との肌と肌の密着をあなたの方から率先して行うように心がけ、目一杯楽しんでもらうように心掛けましょう。

…例えば、

・誘導するなどの動作をうながすときは優しく率先してお客様の手を握ったり、お体に手を添える。
・お話する時は可愛らしさを演出しながらお客様の身体に寄り添い、膝に手を添える。
・お客様である男性が性衝動で活発になる右脳を刺激するように左耳でささやく。
・感度が上がるように下から上に向け心臓に沿ってお客様の身体を撫でるように触れる。
・お客様の体を洗浄する時に率先して、より多く肌が触れあうように心がける。
・ハグやキスを率先してする。

…等などです。

ちなみに私自身がお客様にとても有効と感じるスキンシップでございますが、マットやボディ洗いの途中、もしくは性的サービスが終わった後、すぐに「パッと」

自分の手や体をお客様のお体から離さずに、必ず手を添えるなどしてお客様のお体と常に密着するように心がけておりました。

その方がお客様から見ると丁寧かつ妖艶に感じて頂けると思います。

金銭を投じたお客様は性的サービスだけではなく、「あなたとの時間全体」を楽しむことに期待をしているのです。

エビでタイを釣るがごとく、スキンシップを率先して行い、お客様に時間全体を楽しんで頂き、再び遊びに来て下さるお客様をいっぱい増やしましょう!

お客さん 気があるのかと また来店

ご年配のお客様こそ丁寧かつ色っぽく。

風俗で遊ばれるお客様の年齢層は実に幅広く、下は大学生くらいの若い男性から上は80代以上の方まで様々なお客様が訪れます。

ちなみに私が接客させて頂きましたお客様の最高年齢ですが、92歳（！）の方から非常に可愛がって頂き、何度も来店して頂きました。

とても明るくお元気な方でしたのでいつも私の方がパワーを頂いている、そう思える素敵な方でした。

同時にその方は歩行が困難な方でございました。

ですので、動作をとられる時は常にその方の腰に手をそえ、手を握るなどの補助的な役割をさせて頂いておりました。

その他にもバスタブで転倒されないようにタオルを引いたり、入浴される際にもお体を支えて介助をさせて頂くなど、非常に良い勉強をさせて頂きました。

このように文章で見ると、まるで介護をしているみたいで大変そうに感じるかと思いますが、意外にそうではないのです。

何故ならそのお客様もそうだったのですが、個人差はあれど、ご年配のお客様ほど風俗での最大の目的でもあるイクまでには至らないケースが多くあり、それよりも女の子に気持ちよくなって楽しんでもらおうとされるお客様のほうが少なくないからなのです。

ですので、ご年配のお客様への接客では、

①補助的なサポートを率先して行うこと。

②性的サービスの際は、より一層に妖艶さと気持ち良くなっている自分を演出するように心掛けること。

この2点をしっかりなさるとお客様の満足度が非常に高くなり喜ばれます。

そして、ご年配のお客様が風俗で遊ばれる時の大まかな動向として、年齢の若いお客様よりも気に入った女の子に対して浮気をせずに遊びに来てくださるということ。

つまり、リピーターになりご指名をしてくださる確率が非常に高いのです。

ご年配のお客様には特に丁寧かつ妖艶に色っぽく接客をされるように心掛けましょう！

おじいちゃん
オキニになったら
一途だよ

好感度大幅UP！　サービス終了時「スマイルバイバイ」の法則。

長年の経験から、風俗は体力勝負であるお仕事だと身を持って感じます。次のお客様が待っておられる時や年末などの多忙期などは目が回るほど忙しく、私自身も極力気を付けて表情や容姿に出さないように演じてはおりましたが、内心では焦ったりクタクタであったという経験は何度もございます。

お客様によりプレイ内容もフィニッシュに掛かるお時間もそれぞれですので、残り時間が少ない場合などは非常に焦ります。

そのようなイレギュラーな状況な時に起こりやすいことなのですが、性的サービスが終了した後、時間を気にするあまりお客様の視線や会話を気にせず、そそくさと後かたずけをしたり疲れた様子を醸し出してしまったりすることが非常に起こりやすいように感じます。

中にはお客様の対応そっちのけで髪やお化粧直しなどを始める方も時おりおられるとうかがったこともございます。

乱れを整えることは女性のマナーとして十分に必要なことではありますが、例え、残り時間が5分だけといった状況や、時間が押している場合でも焦らずに落ち着いて、お客様に優しく丁寧に『笑顔』でお着替えなどを急いで頂くように誘導し、最後まで明るさや親しみやすさを演じられた方が、あなたに対する好感度も高くなり、次回のご指名にも繋がり易いのです。

特に、遅漏のお客様の場合は女の子に負担を掛けてしまうことに対し、申し訳なさも感じて遊んでおられる方が多いように感じます。

ですが、そういった方ほど性的サービスが終わった後の気遣いを怠らないように対応をなさると、非常に高い好感度を持って頂き、リピーターになって下さることが実に多いと感じます。

私の経験上、お見送りの時によく使っていた有益なワザでございますが、お客様がお帰りになられる際に『次回の提案と課題と報酬』をよくお客様に申し上げておりました。

…例えば

『次に来てくれた時は、たっぷりベットで遊べるようにしますね（提案）！

時間がもうすっごくがあっという間でホント寂しいです。

私のこと、忘れないでくださいね（課題）。

私、かっこいい方は絶対に忘れませんから（報酬）！』


といったように、次回の提案を受け入れて貰えるように課題と報酬を必ず３つセットでお客様に帰られる際に申上げておりました。

そしてもう1点。

バイバイを神対応でリピーター

お客様がお帰りになられる時に何かプレゼントをなさるととても喜ばれます。飴やガムであったり何でも構いません。お客様がポケットなどにスッと入れてくださる物の方が良いように思います。

お店で遊ばれたあとにポケットの中のプレゼントを見て、あなたのことを思い出しやすくなるために、次の来店にも繋がりやすく非常に効果が期待できます。

時間を気にしてしまい焦ってしまう時ほど、落ち着いて。

そして最後まで親しみやすさと優しさ、そして『笑顔』で演じ切りましょう！

イタ客から太客へ変わる！嫌なお客様への対応術。

私はこれまで15年間以上にわたり風俗で勤めさせて頂くことができました。
風俗に参入したばかりの頃の自分と、今現在の自分。
私自身が感じる一番の違いでございますが、無理な要求をされるお客様に対しイライラを感じることがなくなったという所かと思います。

ですがそれでも、風俗1年生くらいの頃は、無理な要求をされるお客様に対し、イライラをつのらせ憤りを感じることが少なくありませんでした。

…例えば、生を強要されるお客様、外で会おうと執拗にせまるお客様、耳や顔などをベタベタに舐め回すお客様、お酒に酔っておられモウロウとされているお客様、他の女の子と比較されるお客様、暴言を吐くお客様、怒鳴り散らすお客様…などなど。

その当時は、表情に出ないように笑顔で必死にこらえつつも、そのようなお客様に対しいちいち苛立ちを感じておりました。

そんな時、私の考えをガラッと一変する出来事があったのです。

同じお店に在籍していた売り上げナンバーワンの女性です。

私が接客させて頂いた時に暴言が凄くイライラしたお客様に対し、その方は上手にかわされ、お客様の心を害することなく対応し、その後もそのお客様から何度もご指名を受けておられたのでした。

その様子をうかがい恐る恐るその方に、『あのお客さん暴言が凄くて大変じゃなかったですか?』とうかがった所、『ぜんぜん! 言わしとけばいいんだよ。ああいうお客さんは言ったら満足するんだって。そうですねって聞き流して笑顔でいればいいの。いちいち怒ってたら私の身が持たないし、この商売を続けられないよ?』と笑いながら教えて下さったのです。

その時に気が付いたのですが、そのナンバーワンの方は無理な要求をなさるお客様に対し、いつも朗らかな面持ちで、**『可愛く謝罪しながらお断り』**をして上手に受け流されておられる方と改めて気が付いたのでした。

さっそく、私もその方の見よう見まねではありますが、無理な要求をなさるお客様にその方のごとく振る舞うように心がけ始めたのです。

するとどうでしょう。

『可愛く謝罪しながらお断り』をして受け流すことによって、無理難題をおっしゃるお客様の大抵の方はすんなり引き下がってくださり、何より、私自身のイライラがスッキリ無くなったのでした。

この『可愛く…』がお断りする上で非常に重要であると感じます。『ダーメ！』と言った言い方では実に業務的であり男性から見て余り可愛くはございません。

ましてやアラサー、アラフォーなど年齢が高めの女の子が言うと、実に妖艶さや可愛らしさに欠け、お客様目線で年齢以上に老けて見られる対応であると感じます。

お客様の目を見つめながらお客様の手に自分の手を添えて、何も言わずに首を横にふる。もうこれだけで十分な時もございます。

それでも駄目な時に一言『ごめんなさい』で大抵の場合お客様は諦めてくださいます。

このように、無理な要求をなさるお客様に対して満足度も損なわず、お断りする方法として『可愛く謝罪しながらお断り』して受け流すことが非常に有効であると感じます。

そのようにされたら、あなた自身の心のイライラも軽減されますし、何より丁寧に対応をされたお客様も断られたとはいえイヤな気持ちにはなりにくいのです。

それどころか、そのようなお客様こそ再び来店してくださる可能性がとても高いように感じます。

イタ客は太客に育てる

●暴言を吐くお客さん

ただただ笑顔で聞き流せばよい

●無茶な要求をするお客さん

目を見つめながら首をふる

「ごめんなさい。」で大抵は大丈夫！

→可愛い謝罪でイタ客はリピーターに！

本当に無理な時は決して自分を追い込まず、お店の方に相談し出禁など、しっかり対応を求めましょう。

もう一度申し上げますが、そういったお客様こそリピーターになる可能性が高いのです。

『可愛く謝罪しながらお断り』をし受てけ流すことをぜひ実践してみましょう！

イタ客は
育て直して
リピーター

お客様に愛され続ける秘訣！『エロマイナーチェンジ』術。

お店選びや業種選びの項目でもお話しさせて頂きましたように、インターネットや雑誌などの男性向け成人情報媒体は、風俗に遊び来られるお客様の求められる『エロ』の動向や、『エロ』の流行りを知る上で非常に役立つ専門書であることに間違いございません。

そこに大きく取り上げられ、目に留まりやすく掲載されている女の子の衣装や下着だけでも、今お客様が求められている『エロ』を手に取るように理解ができます。

その上、このような男性向け成人情報媒体はお客様である男性が選択しやすいように、地域・業種・価格帯・年齢・女の子のタイプ…と解りやすく掲載されておりますので、今、どのような業種でどんなタイプの女の子が風俗業界においての需要が大いにあるのかを手に取るように把握することができるのです。

このように『エロ』の動向や趣向の流れを把握して、それを自分の個性に当てはめながら取り入れて常々『**マイナーチェンジ**』をなさることが、お客様を飽きさせないための秘訣であります。

私自身が風俗産業に参入した15年ほど前は、いわゆるギャル風な雰囲気の女の子が、『あゆ似』や『ゴマキ風』といったようにフューチャーされ、需要も大いにあったように感じます。

ちなみに私自身もその当時、どこも全く似ていないのですが、『あゆ風』のアイドル系で働かせて頂いて居りました。

ですが私以外にも、当時『あゆ風』の風俗女子は本当にたくさん居ましたので、大勢居るどの『あゆ風』にも絶対負けたくないと、自分なりに何とか『あゆ風』っぽく見せようと必死だったことが、今となってはとても懐かしい思い出です。

ですがあれから15年が経過した現在、男性向け成人情報などに大きく掲載されている女の子の傾向は当時、需要のあった女の子の雰囲気と全く違うと感じます。

流行や技術の進化が日進月歩であるように、『エロ』もまたそれしかりであります。

お客様が風俗に求められる『エロ』の動向・趣向の流れを、男性向け成人情報

エロマイナーチェンジ

●男性向け成人情報媒体はエロの専門書！
お客様が求めるエロ動向を、専門書で
調べよう！

時が流れるとエロも常に流れてゆく。
マイナーチェンジ（小さな手直し）で
常に新鮮さを保とう！

媒体でチェックし取り入れ、ぜひ、『エロ』のマイナーチェンジをなさってみて下さい。

そうすることで、新鮮さが失われにくくお客様に長くご贔屓されやすくなります。

エロス流行最先端、ぜひともお試しなさってみましょう！

稼ぐには
エロの流行
最先端

頑張っているあなたを毎日誉めて、夢を叶える嫉妬と潜在意識の活用法。

私見ですが、風俗の利点はやはり『お金』を稼ぐ目的を果たしやすいという所と実感します。

現実的に、まとまった額面の『目標金額』を一般の職業で実現させようとされるより、短期間で達成させやすいという点は、ほぼ間違い無いように思います。

風俗であるがゆえの、非常に有益な利点であります。

ですが、綺麗事は言いたくはありません。光もあれば影もあるようにデメリットも存在するのです。

それこそ、【風俗で大金を手に入れよう！『ローリスクハイパーリターン手帳術』】でも申し上げましたように、ズバリ、ストレスであります。

指名数がなかなか取れず焦る。いわゆるイタ客のお客様への対応。体力的に疲れる。お店の女の子で苦手な子が居る。お店の対応に不満がある。

…と、ストレスの原因も人それぞれと感じます。

ですが、あまりにもストレスを抱え込んでしまうのは考えもの。

精神的な疾患や最悪の場合、身体にまで影響が出てくることも実際にありうるのです。

私の場合ですが、申し上げましたように、この業界に入ってまだ間もない頃、慣れない仕事ということもあり、ストレスフルな状態となってしまいました。

そして、ストレスの発散方法として『食』へと爆走してしまった結果、風俗に入った当初と比較し、半年ほどの間に＋6キロ近く体重が増加してしまった経験がございます。

その出来事がきっかけでストレスと真面目に向き合い考えるようになったのでした。

ストレスに関して、まずは見て見ぬ振りをせず、日々刻々と変化する自分自身をなるべく自愛するようにしながら、『ストレスフルな状態にならない自分作り』を風俗を辞めるまでの約15年程の間、ほぼほぼ毎日欠かすことなく取り組んでまいりました。

そのかいあってか、お陰さまで風俗の世界で38歳まで図々しくも、心身ともに元気良く活躍させて頂くことができました。

そして嫉妬。風俗はその営業性質的にも非常に強く嫉妬を抱きやすい職業です。働く方により給料に大きく差が生まれること、そして女の子ばかりの職場環境、サービス内容的にもチームワークや連携などはほぼ皆無であること。

それに加えて、風俗で働く大半の女の子の目的は「お金」であります。

そのような条件もあり、当然のごとく嫉妬心も強くなりがちと感じるところです。

嫉妬自体は自分自身への愛情深さゆえの心。ですが嫉妬の「念」は非常に強力で、良い意味でも悪い意味でも、かなり強力な自分自身への「心の願掛け」になります。嫉妬のコントロールを怠ってしまうと、表立った言動などにも出てしまい、周囲に悪影響を及ぼすだけでなく、自分自身をだんだん愛せなくなってしまうことにもなりかねません。

私が実践していたストレスと嫉妬の解消にとても効果バツグンの方法の中の一つでございますが、どんなイライラした日であったり、落ち込む出来事があった時も、必ず『私は頑張った！　えらい！』など、自分で自分自身をしっかり褒めて1日を締めくくるように習慣付けましょう。

どんなに小声でも構いませんので**実際に声に出して**行なって下さい。

そうすることにより、イライラやストレスに変わる達成感や嫉妬に代わる自尊心、満足感が潜在意識にインプットされやすく、ストレスや嫉妬を感じる頻度が激減することが実感できるはずです。

そしてもう1点。

それらの問題は決して永遠では無く『今だけ』ということを意識するようにすること。風俗で働いている上での問題は、いつかは必ず解決できることがほとんど。

そのようなことで自分自身の精神や体をむしばむよりも、『はっきりした目標金額』を達成し、夢を叶えている自分自身の姿を想像される方が、潜在意識が想像することを現実にしようと促すため、あなた自身にとって非常に有益です。

しっかりと自分自身を毎日褒めてあげましょう。

もう一度言いますが、ほとんどの問題はいつか必ず解決します。

問題を思い悩むよりも夢や目標を達成出できている自分を想像して、グッと勢いよく現実に近づけましょう。


ほとんどの問題は必ず解決できます。

Scene #3

大勢のお客様からいっぱい可愛がられ、
いっぱい稼げちゃう！
とっておきの魔法。

喜んでもらっていっぱい愛される！『社会的報酬』のチカラ。

『社会的報酬』という聞き慣れない言葉の意味でございますが、簡単に申しますと『承認と評価』という意味であります。

学校で良い成績を取ったからといってお金を貰うわけではなかったり、会社で良い仕事をされたその日にボーナスが出るわけではありません。

ですがそれらを率先するという経験はどなたにでもあるように感じます。

なぜならお金ではない**『認められる』という報酬を受けとること**に意義を感じるからです。

そしてこの『社会的報酬』こそ、強いやりがいや喜びを生むものなのです。

もちろん、風俗に来られる多くの男性も『認められる』という『社会的報酬』を得たいと思っておられます。

ですので、まずは一つだけでも構いません。

あなたが思うお客様の良い所を『可愛らしく褒める』ように心がけましょう。


褒める所は何でも良いのです。

ネクタイ、ヘアスタイル、ファッション、靴、カバン、声、人柄、ライフスタイル、趣味、仕事、車…などなど、あなたが良いなと感じたことを素直に、

『素敵』

『すごい』

『かっこいい』

『さすが』

『素晴らしい』

…など、気が付いたらすぐに『可愛らしく褒める』ようになさってください。すぐにということが風俗という場所において非常に重要でして、時間が経ち忘れた頃にそう言えば…などと『褒めて』もお客様の喜ぶ気持ちは薄らいでしまいます。そして、風俗で働く女の子なら一度は耳にされた経験があるかもしれませんが、風俗業界の接客法で昔から使われるとても有名な『さしすせそ』がございます。

さ・・・さすが・最高！
し・・・知らなかった・信じられない！
す・・・すごい・素敵！
せ・・・センスいいです・誠実ですね
そ・・・そうなんですか

『社会的報酬』という意味でもとても素晴らしい表現法ではありますが、これら『さしすせそ』はとても有名な接客法であるが故に、使用している女の子はとても多く、かぶってしまうことも事実。

ですので、『さしすせそ』より一層、お客様のお心を捉え喜んでいただくための、他の女の子とは違う表現法法を身に付けられることが非常に大切であると感じます。

私の経験上で非常に効果があり有益であった方法の1つをご紹介させて頂きます。『社会的報酬』に『比較対照』をプラスし、お客様に優越性を感じて頂く方法です。

…例えば、

『私に来てくれるお客様って20代の方が多いんです。

けれど私自身はグッと年上の方がタイプなのでこんなに素敵な方を目の前にすると、何だか照れちゃうし緊張しちゃいます（比較対照）。すっごく嬉しい！幸せです！（社会的報酬）』

このように、大勢のお客様と比較対照をして、目の前のお客様に優越性を感じて頂く方法です。

『社会的報酬』だけではなく『比較対照』を取り入れることによって、一層、お客様の嬉しいお気持ちも倍増されますし、次の来店に非常に繋がりやすくなります。

誉められることは誰でも嬉しいものです。

『社会的報酬』をしっかりとお客様にお与えして、またあなたに会いに来て頂けるように努めましょう！

褒め言葉　ばんばん言って　客ゲット

ナチュラルで愛され嬢に！お化粧のススメ。

私が風俗で働いてきた中での「風俗15年悩みごとワースト3」の中の1つに、通常の仕事より肌に負担が掛かるということでありました。
出勤の前日の夜、化粧水や乳液をもうこれでもかと言うほどベタベタに塗りたくって全身を保湿しても、何度も何度も洗浄を繰り返すせいでお肌はカサつきます。乾燥を防ぐための保湿↓洗浄↓保湿↓洗浄…のルーティーンを延々と繰り返しておりました。

ちなみに「風俗15年悩みごとワースト3」にランクインしている他の悩みですが、ネイルがダメになるのが早いこと。そして化粧崩れです。

この化粧崩れですが、サービスの内容的にどうしても避けがたく、いたしかたないように感じます。

私の経験ですが、まだ風俗に入って間もない頃、その当時の流行のメイクは今のような、まつエクやツケマではなくボリュームマスカラ全盛時代。

もちろん、お化粧直しの度にマスカラをガシガシと塗りったくっておりました。

そんなある日、マットをしていた時のことです。

お客様の背中にほくろがポツポツと何やらまるで星座表のように散らばっていたのでした。

「星座みたいな神秘的な配置のほくろ。北斗の拳みたいじゃん。」

そう思い、まじまじと見てみますと、そのほくろの正体はなんと私のマスカラだったのです。

その出来事があって以降、仕事ではマスカラを使用しなくなりました。

風俗はサービス内容的にどうしても化粧崩れが生じてしまいます。

肌の質感を整えようとお化粧直しを繰り返していくうち、一般的に見ると非常に厚化粧になってしまうことが実に多いと感じます。


ですが、少しでも身だしなみを整え綺麗でいようとする女の子の気持ちとは裏腹に、風俗に来られるお客様の中には、女の子のお化粧や臭いなどがご自分の衣服や肌に付着されることを警戒されておられる方も少なくありません。


ご結婚をされておられる方。

お子さまが思春期で敏感なお年頃の方。

お仕事の途中の方。

恋人がおられる方…と理由も様々です。

香水や入浴剤などもだいたい同じ理由で嫌がる方が多いように思います。
入浴剤を使用する場合は、お客様にきちんと伺った後に浴槽に投入されることをオススメします。

化粧や香水、入浴剤など女の子的には良かれと思う行為でも、お客様からすれば警戒してしまう要因になってしまうことも少なくないのです。

せっかくお客様にあなたの人柄やサービスを好んで頂いても、このような理由であなたと遊ばれることを遠慮なさるようでしたら、非常に残念でもったいないと感じます。

ですので、**お仕事の時はなるべくナチュラルメイク**を施されるように心がけましょう。

香水や入浴剤も避けた方が無難であるように思います。
「綺麗に見せるためのお化粧」ではなく、**「お客様が安心して遊んでくださるための化粧」**をなさりましょう！

ナチュラルで
無臭で清潔
客増える

あなたのファンが倍増！　お客様からの質問への脚本術。

風俗で働いているという事実は、お客様である男性から見て、一種の疑問や興味を持たれる事柄でもあります。

私の経験上ではございますが、お客様からの質問あるあるワースト3を挙げさせて頂きますと、

まず第3位、『彼氏いるの？　結婚したり子供はいるの？』。

次に第2位、『どうしてこの仕事してるの』。

…そして ぶっちぎりの第1位は、『本当の年いくつ？　干支は？　年号は？』。

これは、あくまで私個人の経験上でのランキングでありますため、女の子によっては多少ランキングの誤差はあるとは思われますが、どれか一つだけでも言われた経験がある女の子はおられるのではないのかなと思います。

しかし、お客様ならではの率直な質問も、プライベートの側面を持つために女の子にとっては、非常に毛嫌いされる方も少なからず居られるように感じる次第です。

あるお店に勤めていた時のことですが、待機室で同席していた女の子がとてもイライラした様子で、「こっちは教えないって言ってるのにホント何回も聞いてきて！　何でこの仕事してるのかってしつこいしマジでうざかった！」と、怒り心頭でおられる状況に出くわした経験がございます。

これは私自身の経験でございますが、私の風俗で働く本当の理由は親族の金銭トラブルが原因。

この仕事を始めたばかりの20代前半の頃、お客様からのあるある質問第2位の

『どうしてこの仕事してるの』に対し、この真実を口にするのを憚られる気持ちがとても強く、風俗で働き始めたばかりの当時は、『この仕事を始める前の素人時代ずっと処女で…。でも、ずっと男の人に興味があったのでこの仕事を始めました。将来的には専門学校への進学を考えています。』

…とお客様に対しはぐらかしつつもなるべく喜んで頂こうと対応をしていたのでした。

大半のお客様は『ホント～？』などと仰りながらも、風俗というシチュエーションも相まってかまんざらでもないご様子でありました。

ですが、中には奇特なお客様もおられ、『親から貰った大事な体を…』と、けしからん娘だと言ったようにガミガミと説教をなさり始めるお客様や、『自分と結婚をしたら、専門学校の費用を捻出する。○○ちゃん（私）にこれ以上汚れて欲しくない。』と、夫の箇所に記入済みの婚姻届を持って来られたお客様もおられてビックリした経験もございました。

この時は勿論、丁寧にお詫びをしてお断りをさせて頂きました。

このように、お客様からの視点で見た場合、風俗嬢であるという事実一つだけ取っても、非常に興味や疑問が持たれやすいのだと経験上、強く感じます。

ですが、お客様に疑問を持たれるということは、逆に解すと、風俗嬢のあなたに「興味」を持っておられるからこそなのです。

お客様も「興味」がわかない女の子にわざわざ質問をされません。

ですので、お客様のあるある質問に対してキチンと答えられた方が好印象であり有益なのであります。

あなたへの「興味」が、あなたへの「関心」に変わり、そして、あなたへの「関心」が、最終的にあなたへの「応援」となります。

質問に対してキチンとした回答をされた方が、このようなお客様がドンドン倍増すると経験上でも強く感じることです。

先程も申し上げましたように女の子により、お客様からの質問あるあるワースト3はそれぞれ違った内容です。
あなたがお客様からの質問でよく聞かれることをいくつかピックアップされ、回答内容をあなたなりで良いので『脚本』してみましょう。

お客様にあなたの事実を正直にお答えする必要はございません。

そして『脚本』と言いましても実に簡単。
風俗で遊ばれるお客様が、『また遊びに来よう』そう思って下さる回答内容を用意すれば合格です。

…例えば私、からすあげはの場合。
先程も申し上げました、私のあるある質問第2位『どうしてこの仕事してるの』に対する芸歴15年目の回答内容。

『ワタシ元々、看護師をしていたんですけど、何だか仕事に疲れちゃって…。看護師って大変なんです。3年前に患者さんと付き合って以来ずっとカレシもいないし、抵抗はあるけど風俗で心機一転頑張ってみようって思ったんです（笑顔）。』

この回答内容ですが、

看護師↓「優しそう」彼氏いない↓「スキがある」頑張る↓「応援」

という点がお客様に連想され誇張されるように盛り込んでおります。
ですので『また遊びに来よう』と思わせる要素が充分ある回答内容です。

もう一度申し上げますが、お客様に事実を正直にお答えする必要は決してありません。営業性質上トラブルの原因にもなりかねません。

あなたなりで構いませんのでお客様の質問あるある回答内容を『脚本』して、あなたのことを応援してくださるお客様をドンドン倍増させましょう！

…ちなみに。

私のあるある質問第1位『本当の年いくつ？　干支は？　年号は？』によく使っていた回答も。

現役時代の私のプロフィール年齢は27歳、実年齢38歳。

『本当の年いくつ？　干支は？　年号は？』とお客様から質問されましたら、全く躊躇をせずに質問に対しスグにプロフィール年齢プラス4歳の31歳と申し上げておりました。

この『全く躊躇をせず質問に対しスグに』と『プラス4、5歳』が年齢ツッコミに対し大いに有効でありました。

このように回答なさることにより大抵のお客様は年齢に対しそれ以上ツッコま

なくなるケースが実に多いのです。

それでも中には『ホントに？』『絶対ウソでしょ』と更に突っ込まれる場合もございます。

そういった場合での有効な回答方法でございますが『言い訳』プラス『褒め』がオススメ。

…例えば、

『ホントですよ。この仕事ってお肌あれちゃうから、よくそう言われちゃうんです。悲しい〜。（言い訳）。

こんなオシャレでカッコイイ人が来て下さるんなら昨日パックしとけばよかった（褒め）。本当にくやしい！　もし次に来てくださった時のためにこれからはお肌ケアちゃんとしなきゃ。』

このように『言い訳』プラス『褒め』を織りまぜた回答をなさることにより、お客様の自尊心も満たされるため年齢疑惑問題からスッと目をそらして頂けます。

プロフィール年齢と実年齢との差に密かに悩まれておられる女の子に非常にオススメの方法です。

脚本で質問答えファンゲット

内側からキラッと光り輝く！インナーケアでいつまでも可愛い私！

風俗の仕事の一環と申し上げても良いように思いますが、『自分自身が商品』であるがゆえ、美容に対する意識を持たれることは非常に大切なことと感じます。

そしてそれらは仕事においても有益に発揮されます。

可愛く美しくあろうと努力する姿は、同じ女性から見ても美しさがより一層に引き立ちますし、男性から見ても健気で可愛らしく魅力が増すことです。

ですが、【風俗で大金を手に入れよう！『ローリスクハイパーリターン手帳術』】でも申し上げましたように、風俗のお仕事は『ストレス』が付き物。

目に見える外側の美容を大事になさることも不可欠ではありますが、それ以上に、内側からの美と健康を目的としたインナーケアがとても重要です。

身体を自愛するインナーケアを怠っておりますと、身体だけではなく、心まで不調に陥りやすくなってしまいます。

私が風俗で現役だった頃に、ストレスやインナーケア対策で効果を実感した物を紹介させていただきます。

まず1つ目は『**エゾウコギ**』。

有名な滋養強壮剤の○ポビタンや○ンケルにも配合されている生薬であり、ハーブがお好きな方でしたらご存じの方もおられるかと思います。

生薬名は刺五加（シゴカ）、学名はエレウテロやシベリアンジンセンとも呼ばれて、高麗人参や朝鮮人参と同じ同じウコギ科に属する植物です。

身体にとって悪影響を及ぼす様々なストレスに対する環境適応力を高め、身体本来の免疫力を向上させる作用があります。

実際に、宇宙飛行士やオリンピック選手といった、膨大なプレッシャーやストレスと対峙される方々から、長く愛用され続けている生薬です。

そして2つ目に『**プラセンタ**』。

プラセンタは美容成分としてとても有名であり、ご存じの方も多いと思います。

プラセンタとは『胎盤』という意味を指し、豊富なアミノ酸や身体の成長を促す作用に加え抗酸化作用が抜群に優れていると言われております。

シミやくすみの無い透明感のある肌や、お肌にハリや弾力を与え若さを保つためのアンチエイジング効果を期待され、多くの女性に支持されている非常にポピュラーな美容成分です。

さらに嬉しいことにプラセンタには、女性特有のＰＭＳ（月経前症候群）や、更年期障害、それに加え自律神経失調症の症状改善における臨床実験でも優れた効果が実証済みの女性にとても有効な、ありがたい成分なのです。

そして3つ目『**モフモフパンツ**』。

昔風で言う所の毛糸パンツです。

風俗ではいわゆる女性の腰回りを酷使するサービス内容である場面が数多くございます。

おまけに営業性質上、水を使用したり、冬の寒い時期でも肌の露出度が高い衣装を身にまとってお仕事をするため、非常に体が冷えやすい条件が整っております。

ただでさえ女性の体は冷え性になりやすい傾向がとても強くございます。

この冷えを甘く見て放置しておくと、不眠症やむくみ、頭痛や肌荒れに肩こり、そして血行不良が原因となりホルモンバランスが崩れ生理不順となってしまいます。

私自身も酷い冷え性でございましたため、体質改善のために現役時代、長い間モフモフパンツを着用しておりました。

着用して1番感じた自身の変化は生理前のイライラや生理痛が軽減し生理不順が改善されたこと。

そして、生理前後に必ず出ていた吹き出物などの肌荒れに驚くほど劇的な効果を実感したことでありました。

女性にとって腰回りを暖めることにデメリットは一つもありません。

あと、**豆乳**も手軽にホルモンバランスを整える効果が実感ができとてもオススメです。

腰回りやホルモンバランスをいたわることが大事であると強く感じます。

私自身、これまで食事療法や温活にヨガ、よもぎ蒸しなどよりナチュラルな方法での体質改善を目指し、色々とチャレンジを繰り返しては来たのですが、多忙な時など目の前のことに振り回されてしまい、結局辞めてしまったことがいくつもあります。

しかし前述の4点だけはサプリメントやインナーウェア、ドリンクと言う手軽さも相まって、今の今まで毎日続けられており効果もしっかり実感しております。

女性の美しさはまずは内側から光を放ち、それにより、見た目の美しさがより一層イキイキと輝きを放つものであると強く感じます。

心身ともに良好であるようにインナーケアを心がけ、あなただけの内側の『光』をご自愛をなさいましょう！

更年期　生理やストレス　打破するぞ

移籍してさらにお客様を引き寄せる！効果的なステップアップのコツ。

風俗で長期的に勤められる場合、大きく分けて２つの選択肢があるように感じます。

１つ目は１つのお店で一貫して勤められる方法。

そして２つ目ですが、お店の移籍もしくは掛け持ちをするなどして、複数のお店を経験される方法。主にこの２つの方法がございます。

環境や状況、体調なども女の子によってそれぞれ全く異なるもの。

ですので、どちらの方法が優れているのかではなく、あなたが自身が働きやすい方法を選ばれることが何よりも一番大切なことであります。

そして、おそらく一番多くの女の子が風俗で働く上で採択されている方法は、2つ目の複数のお店を経験される方法です。

ですがお店の移籍も苦労が付き物。

頑張って勤めて来られた場所を離れ、心機一転し違うお店に変える時は誰でも不安があるものです。

稼げるお店なのか。お客様はどのような雰囲気の方が多いのか。お店の女の子はどんな子達がいるのか。お店の従業員の方と上手くやり取りできるのか。

…などなど、お店の移籍を経験したことのある女の子でしたら誰でも感じたことがあること。

そのような不安を少しでもなくし、移籍する前よりも愛される人気風俗嬢となり、多くのお客様を引き寄せるとっておきのコツがあります。

それは、お店選びの段階で移籍前のお店の価格と移籍後のお店の価格を比較し、お店の価格が、移籍前のお店より**ちょっとでもお安いお店**を選ばれることをオススメします。

お客様の立場からすると、風俗で遊ぶ上でお財布事情に優しいという点は、お店や女の子を選ぶ上でも重要な判断材料の一つです。

そしてもう1点。

私の経験上で非常に有効であった良い求人の見分け方のヒントでございますが、求人情報の『**広告費**』と『**ホームページの更新頻度**』に着目しておりました。

風俗には様々な『求人情報サイト』がございます。

いくら掲載されている内容が良い条件のお店であっても1つの『求人情報サイ

ト』を閲覧してすぐに働くことを決めず、できるだけ複数の『求人情報サイト』を閲覧して、たくさん求人情報を掲載しているかを確認してからお店を決める方が良い結果である場合が多くありました。

なぜなら、求人情報も『広告費』が非常に掛かります。たくさん『求人情報サイト』に掲載されているお店は、女の子を雇用するに当たり『広告費』をしっかりと捻出ができる体制の整ったお店である証でもあるのです。

そして『求人情報サイト』も全国版や地域版、それに大手情報サイトや小規模情報サイトと多種多様。

どの情報サイトが良いのかは一概に言い切ることはできかねますが、いずれにせよ掲載するお店は『広告費』を必ず捻出していることに間違いはありません。

次に『ホームページの更新頻度』ですが、様々な風俗店があり、大抵のお店にはホームページがあります。

お店の大事な『看板ツール』でもあるホームページがどれだけの頻度で更新をされているのかをチェックしてみることもおすすめです。

このように『広告費』の多さや『ホームページの更新頻度』はそのお店の従業員の方の、女の子やお客様に対する**愛情の強弱を見分ける一種のバロメーター**にもなります。

そういった点も必ず確認してより良いお店選びをなさることを願っております。

そして、大抵の風俗ではお店に入店してまだ間もない新人の頃に、『新人優先』

移籍の際の注目ポイント

●広告費

求人情報にもコストがかかる。広告費をちゃんと出せるお店は、しっかりしてる！

●ホームページの更新頻度

ホームページはお店の顔！
更新が多いお店は、売り込んでくれる！

という制度が実施され、新人の女の子にお客様を優先的に斡旋する制度があります。

これは風俗未経験の女の子、そして他店からの移籍の女の子でもそのお店では『新人』である期間内に適用される制度。

お店にもよりますが大体は1ヶ月～3ヶ月くらいの期間で実施され、『新人優先』の時期になるべく多くのお客様に気に入って頂き、『新人優先』の期間が終わった頃に、また再び遊んでいただけるように大いに活用すべき期間です。

ですので、移籍したい気持ちはあっても、稼ぎへの不安が強い方は、『新人優先』の期間がございますのでどうぞご安心下さいませ。

そしてこの期間にこそ、より一層にお客様が満足して頂くためのサービスを心がけることが、今後のそのお店で稼いで行く上で非常に重要な要素となります。

お客様にあなたというコンパニオンの良さをアピールすることはもちろん、お店の方にあなたの頑張りを確認してもらうことで、今後、お客様を斡旋するための重要な判断材料の1つともなるのです。

そして『新人』の場合、非常に多くのお客様から求められる傾向として、新人さんならではの初々しさが必要だと感じます。

ぜひ、そちらも意識なさるようにしてみて下さいませ。

『新人優先』の期間をしっかりと有効に使ってみましょう。

そして、風俗業界は広いようでとても狭い世界。

お客様にとってもインターネットなどを利用し、あなたの移籍を知ることは手に取るように簡単なことなのです。

今まであなたと一度も遊んだ経験がないお客様であっても、あなたが新しいお店に移籍された情報を知り、それが以前のお店より価格が安いことが決定打となり、あなたと遊ぶ選択をされるお客様は意外に多いのです。

ですので、移籍をなさる時はお店のコンセプトや雰囲気に、あなたの強みがマッチングした移籍先を選ばれることがとても重要ですが、同時に、前のお店との価格の違い、そして『広告費』と『ホームページの更新頻度』もよくよく意識し、『新人優先』期間を有効に利用されるようにしましょう！

移籍はね　新規のお客　引き寄せる

SNSに気を付けよう！ストーカーへの対応。

風俗には色々なお客様が遊びに来てくださいます。

基本的に1対1での接客スタイルにてお客様にサービスをし、お客様の要望を見定めながら少しでも満足して頂けるように努めます。

ですが、残念なことにお客様によってはそれらを違う意味合いで解釈されてしまい、ストーカー的な行為へとエスカレートした事例も小耳に挟んだ経験はございます。


あくまで私見ではございますが、風俗に勤められておられる女の子でストーカー被害に遭う傾向の高い女の子の代表的な5つの特徴を挙げます。

○年齢に関係なく風俗歴が浅い。
○自己演出や演技、脚本をせず、素の自分のままで接客をしている。
○恋人気分での接客スタイルが定着化している。
○出勤時にアイウェアやマスクなど防御をしていない。
○ＳＮＳなどに個人情報が特定されやすい投稿をしている。

年齢に関係なく風俗歴が浅い方は、携帯やＬＩＮＥのプライベートなやり取りを要求されることが多くあります。

風俗歴が浅い頃だからこそ使える有効な回避方法として、

『ごめんなさい。お金がなくて今携帯止められちゃってて。ホントに残念。』

など、携帯自体が機能していないことを理由にそれとなくお断りしてくださいませ。

そして自己演出や演技、脚本をされずに、素の自分のままでの接客をなさることは一見すると楽なようにも感じますが、お客様との接客の中でトラブルが生じやすくあります。

自分だけに素直に接してくれていると勘違いをなさってしまうお客様もおられ、何より、働いているうちに精神的に追い詰められる可能性が高いように思います。

ですので、自己演出や演技や脚本を自分なりに取り入れるようにしてくださいませ。

恋人接客ですが風俗では実は一番簡単な接客法なんですね。

女性と男性のワンセット、しかも風俗と言うシチュエーションでは、1＋1＝2のごとくできて当然なのです。

風俗歴が浅い頃は良いのですが、恋人気分の接客をずっと続けているとお客様の要望が段々とエスカレートする恐れがあります。

ですので、お客様のパーソナリティーに応じ、「愛人」「友達」「妹・姉・母など家族」を演じられるようになさってくださいませ。

マスクやアイウェアでの防御を怠っていますと、尾行をされてしまう確率が非常に高くなってしまうように感じます。

ストーカー対策の中では一番手軽であり簡単で、とても基本的なことです。怠らないように気を付けましょう。

ＳＮＳなどに投稿した画像などから住んでいる地域などが特定され、最悪の場合、ストーカー行為だけに収まらず、ネット上での誹謗中傷の対象となってしまう危険性が十分あり得ます。

ＳＮＳなどを投稿される時はプライベートな情報が特定されにくいようにしっかりと心がけましょう。

このようにストーカーやトラブルに対する対策を、日頃から怠らないようになさることが、風俗で頑張る上で非常に大切であると感じます。
トラブル回避を怠らず、あなたの夢をたくさん叶えていきましょう！

ストーカー回避するには知恵使え

Scene #4

お店の中の人間関係も良好に！

ハッピーになれる処世術。

女の敵は女。同僚とは深く関わらない程度のおつき合いを。

『女の敵は女』といった言葉を表だって公言することは、そう言っている自分自身でさえ、一人の女として無慈悲であると感じますし、冷ややかな目で見られるのではないか…と不安さえ覚えます。

ですが商売の性質上、風俗では『女の敵は女』ということが非常に当てはまるのです。

何故ならば、風俗と言えど結局は個人商売。

接客スタイル1つ取ってもお客様と1対1での対応であり、同僚との連携やチームワークを必要とされる場面が極めて少ないこと。

そして何よりも、大勢の女の子が風俗で働く一番の目的はズバリ『お金』であります。

私がたまに妄想することなのですが、もし、日本全国の風俗嬢に『あなたに3千万あげたら風俗を辞めますか?』という問いかけをしたら恐らく9割以上の女の子が風俗を辞めると思うんです。

だいぶ極論的ではありますが、それでも大多数の風俗で働く女の子は『お金』さえ持っていれば、絶対に風俗嬢をやっていない、それが現実と感じます。

あなたが沢山『お金』を稼ぐことを目的として風俗で働いているように、他の女の子もあなた同様『お金』を稼ぐことが目的で働いているのです。

中には「私は違う。風俗という仕事にやりがいがある。」…とお考えの方もおられるでしょうが、それはごくごくわずかな一部の方のお考えであり、大多数の女の子の目的は『お金』なのです。

そのことを踏まえた上での同僚とのお付き合いを考える必要性が大いにあるように思います。

『お金』が生ずるところに『妬み』は必ず付き物です。

しかも同僚は女の子ばかり。一概には言い切れませんが女性は『妬み』が男性と比べ非常に強く、その上、態度や言葉にも出やすいです。

よって、しっかり注意する必要性があるように感じます。

…例えば、

○非常に個人的なプライベートなことは話を濁らせるなどして極力話さない。
○他の女の子の悪口などは絶対に言わない。もし誰かが言っていても自分は参加しない。
○売り上げ金額や指名数を他の女の子に言わない。
○お客様のお話を他の女の子にしゃべらない。
○お店の悪口を言う女の子がいても聞き流したり参加しない。

…などなどです。

私の経験ではございますが、売り上げ金額を女の子に聞かれて正直に答えてしまい、その日、私の持参したお弁当に食器用洗剤が掛けられていた経験がございます。

それに前述のことをしっかりと守っていても、無視などされることもございました。

もっと酷い方ですと、同じ店の仲の良い女の子にだけ話した内容がネットに書き込まれ、個人的なプライベートの情報がバレてしまい炎上してしまったというケースも聞いたことがございます。

風俗の女の子は本当に色々な方がおられます。

もちろん、そんな方ばかりではなくお優しい女の子も実際多いのです。

ですがそうではない方もごくたまにですがおられることも現実と感じます。

トラブルを極力防ぐ方法として、基本的なあいさつはしっかりとなさった上で、同僚の女の子とは深く関わらない程度のお付き合いをされるように心がけましょう！

トラブルを回避して心地よく『目標金額』を達成して頂けることを心から願っております…。

妬まれる原因、若さと売り上げだ

お店への不満解決！
心地よい関係性を作るコツ。

風俗では女の子もお客様も本当に様々な方がいらっしゃいます。

それに加え、お店の雰囲気や従業員の方の気質もそれぞれ全く異なるため、風俗での人間関係は、一見すると小難しそうに感じるかと思います。


ですがご安心下さい。

風俗の人間関係はとってもシンプルかつ合理的なものであります。

なぜなら、風俗での周囲を取り巻く環境は、大きく大別すると３つのカテゴリーしかありません。

まず一つめに、遊びに来て下さるお客様。
そして二つめに同僚の女の子とのお付き合い。
そして三つめ、お店の従業員の方との関わりあい。

この3つだけなのです。
一般の職業の方がより一層複雑であるように感じます。

ですが私が現役だった頃、お店への不満が原因でトラブルに発展する状況を目撃したり耳にした経験は多々ございました。

一番よくあるケースが、お店への不満を、同僚の女の子に同意を求めたいがゆえに話してしまい、その話しが違う解釈で歪曲されて広まってしまうケースです。

不満を持つことはやる気があるがゆえの感情であり、決して悪いことではないと思うのですが、お店の中の雰囲気が悪くなりますし、より一層不満を倍増させてしまう結果となってしまいます。

そして次に多いのは『爆サイ』などの掲示板への書き込み。『爆サイ』など掲示板を閲覧した経験がある方もおられると思います。

さてこの『爆サイ』。

勘の鋭い女の子だと閲覧されていて薄々お気づきになられると思いますが、書き込まれている内容の全てがお客様が投稿した文章ではないと感じられる方も多いのではないのかなと思います。

では誰がそのような投稿をしているのか。

察するに、お店の女の子がいわゆる『客なりすまし』をしてお店の悪口や同僚の悪口などの書き込みもしている場合も意外と多いのでは？

と憶測ではございますが感じることであります。ですが、投稿された女の子やお店からすればネットでの誹謗中傷は大変つらく営業妨害そのものであります。

このようなトラブルにならずにお店への不満を解消する方法として、**お店の従業員の方を相手に、不満として思うことを率直に相談**されることが一番有効と感じます。

そしてもう1点。

デリヘルにはお客様が指定するホテルや自宅などに女の子を送り届ける役割の『デリヘルドライバー』の方々がおられます。

この『デリヘルドライバー』ですが、お店から指定された場所に女の子を迅速かつ確実にお届けできるように、分刻みの中で安全面の配慮を怠らず精一杯車を走らせております。

働く女の子の立場からすると、女の子がたくさん待機し従業員や経営者の方などが滞在する事務所。そして派遣先のホテルや自宅。その間を行き交う『デリヘルドライバー』。

といった商売上の構図の中の1つとして『デリヘルドライバー』さんの存在があるのかなと感じます。

たくさんの人が居る事務所やお客様とのサービスタイム以外であること。それに車の中といったプライベート的な要素が色濃いシチュエーションも相重なるせいか、小耳に挟んだことではございますが、女の子によっては『デリヘルドライバー』さんに愚痴を言ったり、文句を投げ掛けたり、酷い場合ですと車内から勝手に出ていくといったことも、中にはあると伺ったことがございます。

お店の経営者や従業員の方に思っていることをなかなか言いづらかったり、相談できにくいがゆえにこのようなことが起こるのかなと、あくまで憶測ではございますが強く感じます。

ですが『デリヘルドライバー』の方は目の前の運転に集中されて時間と安全運転に気を配っております。

事故の原因にもなりかねませんので『デリヘルドライバー』の方に愚痴や悪口を言うことは、安全面へ配慮を考慮する上でも止められた方が良いと非常に強く感じます。


そして1番NGなのはお客様にお店の不満を言うこと。

お客様によってはお店に対して不信感を持たれてしまう恐れがあります。

それに、あなたとの時間を楽しむためにお客様は遊びに来られているのです。

風俗で働くあなたにとって何の得にもならず、逆に損をする可能性が非常に高いように感じます。


ですので、不満に思うことがあった場合は、お客様や同僚の女の子には相談をせず、お店の従業員の方に率直に相談をしましょう。

そして、普段からお店の従業員の方との関わりあいをできるだけ持つように心がけて、平穏なお店の雰囲気を大切にしていきましょう！

話す人

間違えちゃうと

悪口に

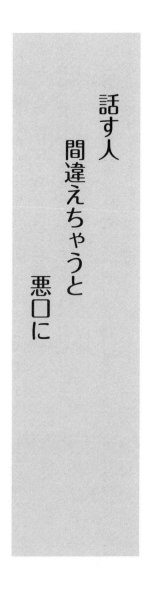

お店の女の子達からの嫉妬が無くなり可愛がられちゃう魔法のテクニック！

風俗で15年間勤めた中で身に染みて思うことでありますが、昔から言われますように、女の敵は女であるということ。
それらを実感せざるをえないことが数多くございました。

もちろん、そのようなことはほんのごく一部であり、決して女性の全てに当てはまることではないと心から思います。

ですが、お金の生じる所に嫉妬が生じやすいことも事実。

あなたが一生懸命『はっきりした目標金額』のために頑張っていても、その姿を嫉妬の対象と見なす同僚の女の子が現れる可能性も少なからずあるのです。

多くのお店では、ご指名の数が明確に解りやすくグラフなどで表示されており、誰がどのくらいお客様に人気があるのか、すぐ見て取れるように表示されております。

それにあなたと同様に他の女の子も風俗で働く理由はズバリ『お金』なのです。

私の経験上のお話ではございますが、待機室で心地よく過ごすための処世術を少しお話しさせて頂きます。

同じお店で同じ内容の仕事をしているといった状況もあってか、中には女の子同士で非常に親密になられる方々もおられ、横目で見ていますと何だか羨ましい気持ちになった経験も少なからずあります。

ですが、先ほども申し上げましたように仲が良くても孤立なさっていても、みんな同じ『お金』を稼ぐことが目的なのです。

風俗店の待機室でよくあることでございますが、売り上げが上昇するにつれ、待機室にいる時間は非常に少なくなり、そうなると、待機室独特の連帯感に馴染みにくくなってしまいがち。

もし馴染みにくいと感じても、基本的な挨拶やお声がけはしっかりとして、雑誌を読んだり、スマホをいじったり、テレビを鑑賞したり、時には寝たり…等々して、あえて自分から他の女の子と馴染もうとせず過ごすことも非常に有効なのかなと感じます。

お店によっては、女の子同士で決めた待機室のルールがあるお店もあります。例えば、○○さんが座る場所、灰皿の当番、冷蔵庫の使う場所…等々。

そういったルールもしっかり守りさえすればトラブルになるといったようなことは特にございませんでした。

ですので、私事で恐縮ではございますが、

①基本的な挨拶やお声がけはしっかり。
②特別、女の子同士で親密になろうとせず、出過ぎたことをしゃべらない。
③待機室独自のルールはしっかり守る。

以上をキチンと実践していれば待機室でトラブルに遭うこともなく、そつなく仕事を励むことが可能であると感じます。

ですが、女の子が集まればたわいもない話から段々とエスカレートして、誹謗中傷にまで発展してしまうことも中にはあるのかなとも感じます。

そういった戦々恐々とした状況をできるだけ回避して、女の子の嫉妬する気持ちを抑えることができるコツがございます。

非常に単純すぎて拍子抜けされるかもしれませんが、定期的にお店の女の子達にお菓子や雑誌などを差し入れることがとても有効であるのです。

どんなお菓子でもプレゼントと言う名の『報酬』です。

あなたがプレゼントを貰うと嬉しい気持ちになるように、他の女の子もあなたと全く同じなのです。

そしてその時、付せんやメモなどに「皆さんで召し上がってください。名前」など一筆されることをオススメします。

そうされることにより、あなたが用意してくれたことがしっかりと女の子達に伝わり、あなたに対して感謝や好感の気持ちが芽生えます。

そして雑誌でございますが、あなたの読みたい本ではなく、お店の女の子が読んでくれそうな本を選び、女の子達に自由に読んでもらいましょう。

女の子達からすれば自己投資をせずに読みたい雑誌を読むことができるため、非常に喜ばれます（良かったらこの本も…！）。

女の子の嫉妬や妬みでお悩みの方は、女の子達への『プレゼント』を試してみましょう！

プレゼント
嫉妬が消えちゃう
魔法だよ

Bonus

2日間で10万円稼いじゃう!

風俗1年生メモ

夢を叶える風俗1年生メモ

この本の中で何回も登場した『手帳』。

【風俗で大金を手に入れよう！『ローリスクハイパーリターン手帳術』】でも申し上げましたように、風俗で働くに当たり、手帳での自己管理は非常に大切であると経験上感じます。

こう言っております私自身、プライベート用の手帳。お仕事用手帳。顧客管理のためのノート。

とこの3つの手帳やノートは絶対に欠かすことなく…とまでは言いませんが、現役時代15年間は継続させていました。

最近では様々な素晴らしい手帳術も蔓延しており、『引き寄せ記帳術』『バレットジャーナル』…などなど様々な記帳法。

それに加え、手帳そのものが職業や目的用途に合わせ製作されたモノもございいます。

風俗で勤められる女の子は大抵の方は手帳を記帳をされ、収入や指名数などの金銭管理目的として活用されて居る方は大勢おられるように感じます。

ですが、この本の中でも何回か申し上げましたように、風俗で働く上での手帳の記述次第で、明確な目標を抱きそれに向けた行動が取りやすくなり、風俗で働くことへのモチベーションがとても維持しやすくなります。

私事で恐縮ではありますが、風俗で働くに当たり、『引き寄せる』マインドだと非常に弱すぎる気がしなくもありません。

実際に使っていた手帳

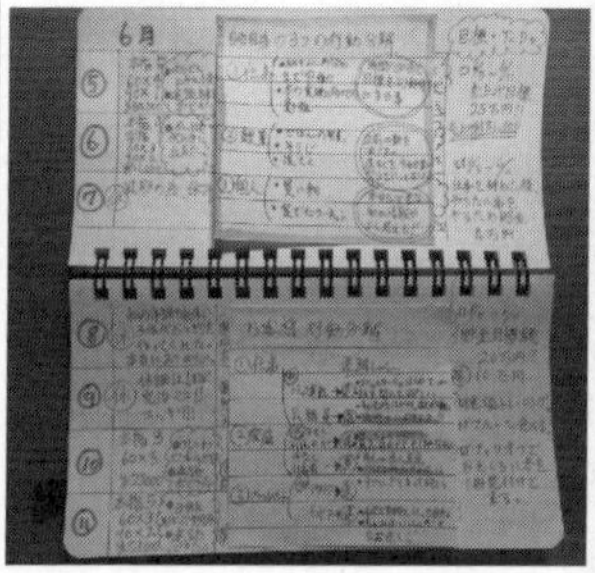

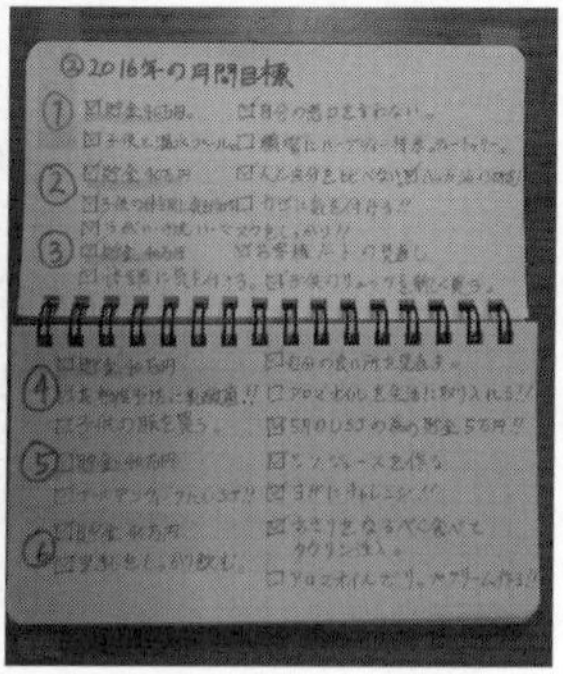

『自分を慈愛し必ず目標や夢を現実にする』マインドが風俗で働く上では非常に大切であると感じます。

そして大事なのはそれを維持すること。しっかり継続して行くことで夢や目標が必ず実現できます。

ここでは風俗未経験な方のために、『2日間で10万円稼いじゃう！　夢を叶える風俗1年生メモ』をおまけとさせて頂きます。

メモですので手帳術ではありませんが、今後もし風俗で継続して働かれるのであれば、この本に『メモった』あなたの夢や目標をしっかりと大切にされ、慈愛もちゃんと継続し夢や目標をめいっぱい実現して行きましょう！

2日間で10万円ばっちり稼いじゃう！ 夢を叶える風俗1年生メモ

①かなえたい目標や夢を書いてみましょう。
小さい夢や大きい夢。何でもかまいません。思い付くだけたくさん書き出してみましょう。

例

- □スタバでかわいいタンブラーが欲しい
- □自分のサロンを経営したい
- □
- □
- □

○かなえたい夢

□ スタバでかわいいタンブラーが欲しい

□ 自分のサロンを経営したい

□

□

□

□

1日目　　　月　　日（　曜日）

○今日頑張ったね　エライね

○本日の売り上げ金額

○印象に残ったお客様

2日目　　　月　　日（　曜日）

○今日頑張ったね　エライね

○本日の売り上げ金額

○印象に残ったお客様

○2日間の合計金額

②1日目

初めてのお仕事、本当にお疲れ様でした。

まずは1日目の今日あなたが頑張ったねエライねポイントを何でもかまいませんので1つ記入しましょう。

そして売上金額とお客様の中で印象に残った方を1人だけ書きましょう。

○今日頑張ったねエライね
（例：緊張したけど頑張った。餃子の羽根が上手にできた。…などなど。）
1：緊張したけど頑張った
○本日の売上金額
3万円
○印象に残ったお客様
1：元気なおじいちゃん

〇かなえたい夢

□ スタバでかわいいタンブラーが欲しい

□ 自分のサロンを経営したい

□

□

□

□

1日目　　〇月　×日（△曜日）

〇今日頑張ったね　エライね

緊張したけど頑張った

〇本日の売り上げ金額

3万円

〇印象に残ったお客様

元気なおじいちゃん

2日目　　月　日（　曜日）

〇今日頑張ったね　エライね

〇本日の売り上げ金額

〇印象に残ったお客様

〇2日間の合計金額

③2日目

2日間よく頑張りきりました。1日目よりずいぶんと緊張が和らいだのでは。2日目の今日もあなたが頑張ったねエライねポイントを書き出しましょう。もちろん何でもかまいません。今日は2つ記入しましょう。そして売上金額とお客様の中で印象に残った方も今日は2人書きましょう。

○今日の頑張ったねエライね
1：お弁当を作ってきた
2：パンストの換えをきちんと用意した

○本日の売上金額
4万円

○印象に残ったお客様
1：イケメンなのに童貞の大学生
2：1時間しゃべってる人

○かなえたい夢

□スタバでかわいいタンブラーが欲しい

□自分のサロンを経営したい

□

□

□

□

1日目　○月　×日（△曜日）

○今日頑張ったね　エライね

緊張したけど頑張った

○本日の売り上げ金額

3万円

○印象に残ったお客様

元気なおじいちゃん

2日目　○月　◎日（□曜日）

○今日頑張ったね　エライね

お弁当作ってきた

パンストの換えをきちんと用意した

○本日の売り上げ金額

4万円

○印象に残ったお客様

イケメンなのに童貞の大学生

1時間しゃべってる人

○2日間の合計金額

④合計金額

②と③の売上金の合計金額を合算してみましょう。

例え、合算した金額が目標金額である10万円よりも下回っていても落ち込まないで。

10万円まであと残りいくらかを計算し直し、あと何日くらい働けば達成ができるのかを、おおよその目安で良いので決めて実行するようにしてみましょう。

この『**達成**』**するということ**が非常に大切であると感じます。

○かなえたい夢

□ スタバでかわいいタンブラーが欲しい

□ 自分のサロンを経営したい

□

□

□

□

1日目　　○月　×日（△曜日）

○今日頑張ったね　エライね

緊張したけど頑張った

○本日の売り上げ金額

3万円

○印象に残ったお客様

元気なおじいちゃん

2日目　　○月　◎日（□曜日）

○今日頑張ったね　エライね

お弁当作ってきた

パンストの換えをきちんと用意した

○本日の売り上げ金額

4万円

○印象に残ったお客様

イケメンなのに童貞の大学生

1時間しゃべってる人

○2日間の合計金額

7万円

達成ができましたら、①で書き出したやりたいことリストで『これなら叶えられる』と思うモノを1つだけでも良いので実行しましょう。

緊張する中で勇気を出し頑張ったあなた自身へのご褒美としてしっかりとご自分を慈愛して下さいませ。

実行したら①に書き出した文章にチェックマークをして、夢を叶えることができたことをしっかりと記帳しましょう。

みなさまの叶えたい夢や目標にたくさんのチェックマークが付きますよう、心から願っております…！

※下記QRコードからExcel版、PDF版もダウンロードできます。この本の次ページに直接書き込んでも、自分でメモ帳を用意しても、データでもプリントして使ってもよいので、風俗1年生メモを活用しましょう！

○かなえたい夢

□

□

□

□

□

□

1日目　　　月　　　日（　曜日）

○今日頑張ったね　エライね

○本日の売り上げ金額

○印象に残ったお客様

2日目　　　月　　　日（　曜日）

○今日頑張ったね　エライね

○本日の売り上げ金額

○印象に残ったお客様

○2 日間の合計金額

おわりに

最後まで読んでいただき本当にありがとうございます。

この本を書くに当たり、私自身が昔から嫉妬をし続けていた方々がいます。

まず一人目は、自己啓発本で世界的著名作家であるナポレオン・ヒル。成功哲学の名著『Think and Grow Rich』は出版するまでに実に約20年の歳月をかけて作られ、実際に世界中の多くの人々を豊かにすることができました。

ナポレオン・ヒルのような成功哲学ではありませんが、私自身が15年間歩んできた、社会のセーフティネット的な役割の強い風俗産業で培ってきた『性行哲学』で、一人でも多くの女性が自分の夢や目標を叶えることで、経済の底上げや、さらなる治安維持に貢献できれば……と、勝手にナポレオン・ヒルに嫉妬しておりました。

そして次に任天堂の『どうぶつの森』というゲームにも、一方的に嫉妬をしておりました。

複雑な家庭環境も相まって、特に独身の頃は本やゲームを手にすることでさみしさを紛らわせていたことが非常に強くありました。

「どうぶつの森」はどんな方でも楽しむことができるゲームで、本当に可愛いたくさんのキャラクターたちとコミュニケーションをとり、つながりを持つことができ、「心が癒されながら愛される」というこのゲームの特徴に、非常に身勝手ではありますが嫉妬を抱きました。

「お客様を癒し、満足してもらう」ことは私自身が現役時代、最大の課題としていたことでもあり、努力し続けたことでもあります。

その他にも、生前夢を唱え続け、実際に世界一に輝いた隣の岡山県の星野仙一さんや、国の代表として国民のために貢献されておられる安倍総理大臣、「技術」で世界に羽ばたくメーカーのMAZDAさん、……まだまだ数え切れませんが、非常に素晴らしい偉人の方々に対し、不相応ではありますが嫉妬をさせて頂いたことを大変誇りに思っております。

そんな偉大な方々への敬意と、私の経験から生まれたこの本が、多くの女性に、そして日本の未来にほんの少しでも良い影響を与えられたならば、本当に心から嬉しく思います。

そしてこの本に企画から携わって頂きました編集の倉田さん、そして総合科学出版に心からお礼を申し上げます。

皆様の健やかなる人生を願いながら……。

からすあげは

著者：からすあげは

1979年生まれ。広島県出身。元風俗嬢。風俗歴15年間。

短期大学卒業後に会社員として勤務。親族の金銭トラブルが発端となり風俗業界に転身。川崎堀之内や都内を中心に有名店にて勤務実績を積む。38歳という年齢でありながら、中四国地方屈指の風俗街・広島市中区薬研堀の中の一つのお店ではなく、薬研堀地域全体での売り上げナンバーワン人気風俗嬢にまで上り詰める。

現在、得意の川柳を生かし風俗で働く中で発見した『性』『お金』『体』『心』『嫉妬』『男女差』…などなどの様々なメッセージや川柳を綴るブログを掲載中。男性女性問わず多くの方々に支持される。

『営業ビッチ川柳』
https://lineblog.me/karasu11/

ビッチ営業論

2018年8月27日　第1版 第1刷発行

著者	からすあげは
カバーデザイン	大澤康介
印刷	株式会社 文昇堂
製本	根本製本株式会社
モデル	水野絵理奈
撮影	瀧本マリナ

発行人　西村貢一
発行所　株式会社 総合科学出版
〒101-0052　東京都千代田区神田小川町3-2 栄光ビル
TEL　03-3291-6805（代）
URL：http://www.sogokagaku-pub.com/

Printed in Japan　ISBN978-4-88181-869-5